项　目	计量单位	数值
用地面积	公顷	3.1
居住户数	户	20
建筑密度	%	15%
建筑限高	米	8
绿地率	%	60%
容积率	-	0.3
停车泊位	个	50

江西省井冈山市茅坪新村建设规划

江西省会昌县小密乡莲塘村

贵州苗寨

江西省弋阳县漆工镇湖塘村

江西省于都县梓山镇潭头村

江西省井冈山市神山村

江西省丰城市新塘村

江西省高安市祥符镇西湖村

江西省黎川县日峰镇十里村

江西省高安市八景镇上保蔡家村村庄整治后

江西省全南县金龙镇木金坑村

江西省婺源县江湾镇篁岭村晒秋

前　言

乡村振兴是我国当前和今后较长时间的热门话题。党的十九大报告中明确提出全面实施乡村振兴战略，随后中共中央、国务院印发了《乡村振兴战略规划（2018—2022年）》等一系列文件。党的十九届五中全会通过的《中共中央关于制定国民经济和社会发展第十四个五年规划和二〇三五年远景目标的建议》，确定实施乡村建设行动。2021年6月1日起施行的《中华人民共和国乡村振兴促进法》，要求县级和乡镇人民政府优化本行政区域内乡村发展布局，依法编制村庄规划，分类有序推进村庄建设。2022年5月，中共中央办公厅、国务院办公厅印发了《乡村建设行动实施方案》。

乡村建设行动既是实施乡村振兴战略的重要任务，也是国家现代化建设的重要内容。

乡村建设行动的重点：一是规划引领。坚持因地制宜、规划先行、循序渐进，顺应村庄发展规律，安排村庄布局，依法编制村庄规划，分类有序推进村庄建设；二是建强硬件。统筹规划、建设、管护城乡道路、垃圾污水处理、消防减灾等公共基础设施和新型基础设施，推动城乡基础设施互联互通，持续改善农村人居环境；三是抓好软件。发展农村社会事业，促进公共教育、医疗卫生、社会保障等资源向农村倾斜；四是保护传统村落。加强对历史文化名镇名村、传统村落和乡村风貌、少数民族特色村寨的保护，开展保护状况监测和评估，采取措施防御和减轻火灾、洪水、地震等灾害，鼓励农村住房设计体现地域、民族和乡土特色。

实施乡村振兴战略已成为一代人光荣的历史使命，而乡村建设行动又是乡村振兴战略的一项重要内容。作为长期从事乡村建设工作的同志，对乡村建设情有独钟、对乡村振兴梦寐以求！多年来的乡村建设工作实践历历在目，感慨万千。乡村振兴是系统工程，乡村建设行动任重道远，了解其中的酸甜苦辣、点点滴滴或许能启发人们对乡村振兴的深刻认识。通过认真学习领会党的十九大及十九届历次全会精神，学习领会中央关于实施乡村振兴战略和乡村建设行动的系列文件，并结合多年从事乡村建设工作的实际，从而引发了对乡村建设行动的若干思考。

本书从乡村规划入手，对乡村房屋和基础设施建设、特色资源进行较全面的叙述，并就加强乡村建设管理、多渠道筹措乡村建设资金提出一些建议。虽不全面，但总算尽了自己的绵薄之力。供实施乡村振兴战略过程中从事乡村建设行动的同志们参考。

目　录

江西省宁都县小布镇全景

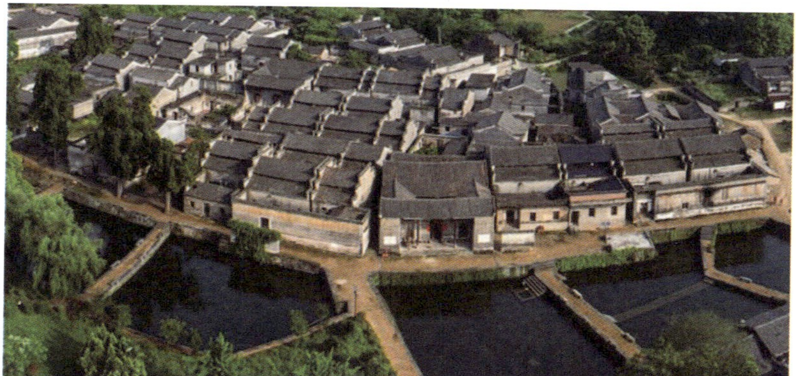

江西省吉安市吉州区钓源村

江西省赣州市农村危房改造

江西省赣州市村庄整治施工现场

乡村建设行动的实践与思考

齐　虹　蒋　炜　齐霄汉　著

中国建筑工业出版社

图书在版编目（CIP）数据

乡村建设行动的实践与思考 / 齐虹，蒋炜，齐霄汉著. —北京：中国建筑工业出版社，2022.8

ISBN 978-7-112-27564-9

Ⅰ. ①乡… Ⅱ. ①齐… ②蒋… ③齐… Ⅲ. ①农村-社会主义建设-研究-中国 Ⅳ. ①F320.3

中国版本图书馆CIP数据核字（2022）第119825号

本书共8章。第1章绪论，对乡村建设行动进行定义，简述其历史沿革，并对现状进行分析，提出乡村建设行动目标；第2章乡村规划，分别对乡村建设的早期规划、体系规划、集镇规划、村庄规划、国土空间规划进行叙述；第3章房屋建设，分别讲述住房建设、公共建筑、农村危房改造等内容；第4章基础设施，全面介绍乡村道路、供电供水、公共设施、绿化环卫等基础设施建设；第5章建设管理，主要内容有规划（土地）管理、房屋建设管理、基础设施管理、农村人居环境整治、减灾防灾等；第6章特色资源，主要介绍历史文化名镇名村、传统村落、特色村镇、风景名胜区；第7章若干思考，主要谈谈对乡村建设行动的总体思路，包括规划先行、突出特色、引导建房、典型示范、强化管理、振兴乡村等；第8章为相关案例。文后还有附录。

本书可供实施乡村振兴战略的科研单位以及各级政府从事乡村建设行动的人员使用，也可供大专院校相关专业的师生使用。

责任编辑：胡明安
责任校对：赵　菲

乡村建设行动的实践与思考

齐　虹　蒋　炜　齐霄汉　著

*

中国建筑工业出版社出版、发行（北京海淀三里河路9号）
各地新华书店、建筑书店经销
北京鸿文瀚海文化传媒有限公司制版
北京云浩印刷有限责任公司印刷

*

开本：850毫米×1168毫米　1/32　印张：$7^3/_8$　插页：4　字数：202千字
2022年8月第一版　2022年8月第一次印刷
定价：**40.00**元
ISBN 978-7-112-27564-9
（39597）

第1章　绪论

什么叫乡村建设行动？本章将依据党中央、国务院相关文件精神，力求对乡村建设行动进行定义，并明确乡村建设行动的重点内容。同时对乡村规划建设的历史沿革进行简述，对乡村建设现状进行分析，阐明乡村振兴战略与乡村建设行动的具体目标。

1.1　乡村建设行动定义

党的十九大明确提出：实施乡村振兴战略，坚持农业农村优先发展，按照产业兴旺、生态宜居、乡风文明、治理有效、生活富裕的总要求，建立健全城乡融合发展体制机制和政策体系，加快推进农业农村现代化。自此乡村振兴的大幕在全国范围内迅速拉开。2018年1月，《中共中央 国务院关于实施乡村振兴战略的意见》（中央一号文件）明确：实施乡村振兴战略，是党的十九大作出的重大决策部署，是决胜全面建成小康社会、全面建设社会主义现代化国家的重大历史任务，是新时代“三农”工作的总抓手。随后，中共中央、国务院编制印发了《乡村振兴战略规划（2018—2022年）》。2021年6月1日起施行《中华人民共和国乡村振兴促进法》。2022年5月，中共中央办公厅、国务院办公厅印发了《乡村建设行动实施方案》。乡村振兴的法律法规及方针政策不断完善。

乡村，是指城市建成区以外具有自然、社会、经济特征和生产、生活、生态、文化等多重功能的地域综合体，包括乡镇和村庄等。

党的十九届五中全会通过的《中共中央关于制定国民经济和社会发展第十四个五年规划和二〇三五年远景目标的建议》指出："实施乡村建设行动。把乡村建设摆在社会主义现代化建设的重要位置。强化县城综合服务能力，把乡镇建成服务农民的区域中心。统筹县域城镇和村庄规划建设，保护传统村落和乡村风貌。完善乡村水、电、路、气、通信、广播电视、物流等基础设施，提升农房建设质量。因地制宜推进农村改厕、生活垃圾处理和污水治理，实施河湖水系综合整治，改善农村人居环境。提高农民科技文化素质，推动乡村人才振兴。"

乡村建设行动是实施乡村振兴战略的一项重要任务，也是国家现代化建设的重要内容。乡村建设行动的重点：（1）规划引领。坚持因地制宜、规划先行、循序渐进，顺应村庄发展规律，安排村庄布局，依法编制村庄规划，分类有序推进村庄建设；（2）建强硬件。统筹规划、建设、管护城乡道路、垃圾污水处理、消防减灾等公共基础设施和新型基础设施，推动城乡基础设施互联互通，持续改善农村人居环境；（3）抓好软件。发展农村社会事业，促进公共教育、医疗卫生、社会保障等资源向农村倾斜；（4）保护传统村落。加强对历史文化名镇名村、传统村落和乡村风貌、少数民族特色村寨的保护，开展保护状况监测和评估，采取措施防御和减轻火灾、洪水、地震等灾害，鼓励农村住房设计体现地域、民族和乡土特色。

开展乡村建设行动已在近几年中央一号文件中多处出现。习近平总书记指出："建设什么样的乡村、怎样建设乡村，是摆在我们面前的一个重要课题"。2021年中央一号文件明确：2021年，乡村建设行动全面启动，农村人居环境整治提升，农村改革重点任务深入推进，农村社会保持和谐稳定；到2025年，乡村建设行动取得明显成效，乡村面貌发生显著变化，乡村发展活力充分激发，乡村文明程度得到新提升，农村发展安全保障更加有力，农民获得感、幸福感、安全感明显提高。2022年中央一号文件再次强调：健全乡村建设实施机制。落实乡村振兴为农民而兴、乡村建设为农民而建的要求，坚持自下而上、村民自治、农民参与，启动乡村建设行动实施方案，因地制宜、有力有序推进。坚持数量服从质量、进度服从实效，求好不求快，把握乡村建设的时度效。立足村庄现有基础开展乡村建设，不盲目拆旧村、建新村，不超越发展阶段搞大融资、大开发、大建设，避免无效投入造成浪费，防范村级债务风险。统筹城镇和村庄布局，科学确定村庄分类，加快推进有条件有需求的村庄编制村庄规划，严格规范村庄撤并。开展传统村落集中连片保护利用示范，健全传统村落监测评估、警示退出、撤并事前审查等机制。保护特色民族村寨。实施"拯救老屋行动"。推动村庄小型建设项目简易审批，规范项目管理，提高资金绩效。总结推广村民自治组织、农村集体经济组织、农民群众参与乡村建设项目的有效做法。明晰乡村建设项目产权，以县域为单位组织编制村庄公共基础设施管护责任清单。

2022年5月，中共中央办公厅、国务院办公厅印发的《乡村建设行动实施方案》，要求乡村建设行动"尊重规律、稳扎稳打；因地制宜、分类指导；注重保护、体现特色；政府引导、农民参与；建管并重、长效运行；节约资源、绿色发展。"

2022年全国住房和城乡建设工作会议也明确要求：实施乡村建设行动。以农房和村庄建设现代化为着力点，加快建设美丽宜居乡村。在全国100个样本县开展乡村建设评价，实现省级全覆盖。实施农房质量安全提升工程，持续实施危房改造和抗震改造，深入推进农村房屋安全隐患排查整治。落实县城建设"营建要点"，推动转变县城建设方式。落实乡村建设"营建要点"，探索形成符合当地实际的乡村政策机制和建设方式，整治提升农村人居环境。

实施乡村建设行动的主要任务：（1）科学推进乡村规划建设；（2）持续提升乡村宜居水平；（3）推进县乡村公共服务一体化；（4）全面加强乡村人才队伍建设。

实施乡村建设行动，要统筹县域城镇和村庄规划建设，合理定位县域城镇功能，重点强化县域政务、经济、社会和文化等综合服务能力，把乡镇建成服务农民的区域中心，加快补齐农村公共服务短板，促进城乡公共服务均等化。同时保护传统村落和乡村风貌，避免大拆大建。

实施乡村建设行动，要加快补齐农村基础设施短板，缩小城乡基础设施建设差距。要进一步完善乡村水、电、路、气、通信、广播电视、物流等基础设施，提升农房建设质量。进一步改善农村人居环境，继续因地制宜推进农村改厕、生活垃圾处理和污水治理，并实施河湖水系综合整治。

实施乡村建设行动，要推动乡村人才振兴。既要全面提高现有常住农民科技文化素质，大力发展农民职业教育，培育新型职业农民；又要积极吸引返乡回乡入乡人才，解决好人才“引不进”“留不住”“用不好”问题，改变农村人才净外流状况。

实施乡村建设行动，要与深化农村集体产权制度改革有机统一起来，着力发展新型农村集体经济。农村集体负有一定的基础设施使用维护和公共服务提供职能。胜任这些职能，必须有可持续的农村集体收入。要探索农村集体资产增值和运营管理新模式，将农村集体产权改革成果转化成可持续的农村集体收入流。

乡村建设行动是实施乡村振兴战略的重要组成部分，是各级党委政府及有关部门在较长时间内要抓好的一项重要工作。从事乡村建设工作的同志，应认真学习党的十九大和十九届历次全会精神，努力钻研业务知识，全心全意为人民服务，积极投身到乡村建设行动中。

1.2　历史沿革

乡村，是人类活动的重要场所。在我国，广大农民祖祖辈辈生活在广袤的乡村，乡村的山山水水、田地、房屋、道路等基础设施支撑着人类活动的空间，乡村建设也随着社会和经济的发展而发展，并满足人类生存的基本需求。

在几千年的封建社会中，我国村庄基本上以宗族、姓氏为主要布局，同宗同族或同姓者在同一村庄中居住比较多。受战争、迁徙、婚嫁、置业、经商、务工等因素影响，近代村庄人口杂居现象开始漫延。田地、山林、草原、水域等提供了村民的基本生活条件，其居住条件视村民的贫富程度不同而大相径庭。乡一般以众多聚集的村庄而划分，根据地形地貌及人口分布将若干个村庄组合在一起设定为一个乡或镇；乡集镇一般选择在人口较集中、已形成一定的集市、交通较方便且便于与各村庄联络的中心村，随着人口的聚集和基础设施的建设发展而成为集镇。

中华人民共和国成立以前，我国的乡村受传统的农耕文化影响，经济发展缓慢，乡村基础设施严重滞后，除住宅和必要的乡村道路外，供水、排水、供电、邮电等设施几乎是空白，乡村的住房建设也基本处于无序状态。

中华人民共和国成立后，中国共产党团结带领全国人民完成了社会主义革命，确立我国社会主义基本制度，推进社会主义建设，组织全国人民自力更生、发愤图强、重整山河，乡村建设工作也开始起步。党和政府重视乡村规划建设工作，20世纪50年代参照苏联模式着手部署乡村规划、指导乡村建设，并开始培育一批乡村建设示范点，乡村建设的“星星之火”在全国迅速燎原。

自20世纪60年代中期开始的十年“文革”，使我国城乡建设处于基本停滞状态，这一时期我国乡村规划建设处于无政府状态，乡村建设速度缓慢，农村危旧房屋比比皆是，农村“脏、乱、差”现象随处可见，乡村人居环境状况不好。“晴天一身灰、雨天一身泥”“天上落大雨、屋里下小雨”“四代同堂、三代同房”等现象给我们这代人留下了深刻的记忆。

党的十一届三中全会，吹响了改革开放的号角，农村联产承包责任制的推行，给广大农村带来了勃勃生机。中国共产党团结带领全国人民实施了大规模的经济建设，着力解放和发展社会生产力，着力保障和改善民生，取得了前所未有的伟大成就。随着我国经济社会的迅速发展，人民生活水平不断提高，城乡规划建设工作重新提上了各级党委、政府的议事日程。20世纪80年代初，国家建设委员会就设立了乡村建设局，各省（自治区、直辖市）、地区（市）、县（市、区）也设立了相应的乡村建设管理机构，并从计划、物资、资金、人才等方面支持乡村建设工作。自此，全国的乡村规划建设工作逐步摆脱“文革”造成的影响，开始加快步伐。

1983年的机构改革，原国家建设委员会改为城乡建设环境保护部，部内设立了乡村建设司，主要职能是指导全国乡村建设工作。此后的历次机构改革，乡村建设司改为村镇建设司（或城乡规划司、村镇建设办公室），但乡村建设的管理职能始终存在，并且逐步得到加强。各地的乡村建设管理机构也基本完善，乡村规划建设管理工作在全国范围内有条不紊地进行。

国家从抓乡村规划入手，指导农房和乡村基础设施建设，抓典型树榜样，促进乡村建设管理水平的提高。随着农村经济的迅猛发展，20世纪80～90年代迎来了第一轮农村建房高潮。为适应新形势，多数乡镇均设立了乡村建设办公室，配备了乡村建设助理员，配合县级乡村建设主管部门做好当地乡村规划建设管理工作。各地认真组织编制乡村规划，包括乡镇总体规划、集镇建设规划和村庄建设规划，以规划指导乡村中的各项建设。除抓好乡村房屋建设外，乡村道路、供水、排水、供电、通信、绿化、环卫等基础设施建设同步展开，乡村建设呈现一派欣欣向荣景象。

1998年夏季，长江、松花江、嫩江流域发生了历史上罕见的特大洪涝灾害，世世代代居住在江边、鄱阳湖、洞庭湖等江湖边上的大量农民的住房被水冲毁，损失惨重。党中央、国务院及时提出了“封山植树、退耕还林；平垸行洪、退田还湖；以工代赈、移民建镇；加固干堤、疏浚河湖”的“32字”指导方针，并拨出专款补助灾民建房。通过实施大规模的移民建镇，数百万农民摆脱了水患之苦，住进了宽敞明亮的新房，生产、生活条件得到了极大的改善，在我国乡村建设史上写下了生动的一笔。

根据建设部村镇建设统计年报，到2000年年底，全国共有4.55万个乡镇、353.7万个基层村；乡镇总人口9.93亿人，其中建制镇1.23亿人，集镇0.58亿人，村庄8.12亿人；当年投入村镇建设的总投资2995亿元；新建农村住宅面积6.48亿m^2，年末实有住宅建筑面积234.8亿m^2，人均住宅建筑面积23.6m^2。建制镇年供水总量87.7亿m^3，用水人口0.99亿人，供水普及率80.7%，年末实有道路长度21万km，公园绿地面积3.71万hm^2，环卫专用车辆及设备2.9万辆，公共厕所10.3万座；乡集镇年供水总量8.8亿m^3，用水人口0.35亿人，供水普及率60.1%，年末实有道路长度13.7万km，公园绿地面积1.35万hm^2，环卫专用车辆及设备0.68万辆，公共厕所5.86万座。

1.3 现状分析

进入21世纪，乡村建设随着经济社会的发展而发展，相关法律法规和标准规范不断完善，城乡建设齐头并进的格局基本形成。

在法制建设方面，1993年，国务院颁布了《村庄和集镇规划建设管理条例》；2008年，《中华人民共和国城乡规划法》正式颁布实施；2021年，全国人大常委会通过了《中华人民共和国乡村振兴促进法》。在此期间各省（自治区、直辖市）有关乡村振兴和村镇规划建设管理的法规规章也相继出台，乡村规划建设工作逐步走上依法管理的轨道。

在工作职能方面，乡村规划建设管理工作主要由各级建设部门负责，同时也涉及自然资源（国土资源）、农业农村（农业）、林业、卫生、乡村振兴等部门。县级以上建设部门均设立了村镇建设股（科、处、司），按照政府的“三定”方案承担相应的工作。但乡镇一级的情况却不尽相同，大多设立村镇建设办公室，配备村镇建设助理员，管理职能到位；有的和国土资源所合署办公，有的只有兼职人员，管理职能不够到位；个别地方乡镇一级的村镇建设工作处于无人管理状态。

在乡村规划方面，大多数乡镇均组织编制了总体规划，有的还编制了镇区详细规划和村庄建设规划，以规划指导乡村建设。据统计，到2020年年底，全国建制镇共编制总体规划16833个，规划编制率达89.4%，当年共投入编制规划的经费383162万元；乡集镇共编制总体规划6491个，规划编制率达73.1%，当年共投入编制规划的经费70752万元。无规划不得审批集镇规划区内项目建设的做法已逐步形成。

在乡村建设方面，以小城镇建设为龙头，集镇房屋和基础设施建设为重点，带动村庄内房屋和基础设施建设。住房和城乡建设部会同国家有关部门在全国范围内选定1887个重点镇进行培育，以点带面推动工作。在我国广大农村，现代化建设进程加快，新建房屋鳞次栉比，一条条硬化道路与各乡村相连，一排排绿树成荫，一座座村庄生机盎然……到处呈现一派社会主义新农村建设的新景象。

在各级党委、政府的领导下，通过广大人民群众和村镇建设工作者的共同努力，我国乡村建设工作成绩显著。据统计，到2020年年底，全国共有27698个乡镇、49.3万个行政村、236.3万个基层村；乡镇总人口9.67亿人，其中建制镇人口1.66亿人、集镇人口0.24亿人、村庄人口7.77亿人；当年投入村镇建设的总投资21961亿元，是2000年的7.3倍；新建农村住宅面积10.79亿m^2，年末实有住宅建筑面积336.3亿m^2，人均住宅建筑面积34.8m^2。建制镇年供水总量145.2亿m^3，用水人口1.64亿人，供水普及率89.1%，年末实有道路长度43.9万km，公园绿地面积5.01万hm^2，环卫专用车辆及设备12万辆，公共厕所13.5万座；乡集镇年供水总量6.8亿m^3，用水人口0.19亿人，供水普及率83.9%，年末实有道路长度8.9万km，公园绿地面积0.4万hm^2，环卫专用车辆及设备2.86万辆，公共厕所3.88万座。市政公用设施水平：建制镇人均日生活用水量107L，供水普及率89.1%，燃气普及率56.94%，人均道路面积15.79m^2，污水处理率60.98%，人均公园绿地面积2.72m^2，生活垃圾处理率89.18%；乡集镇人均日生活用水量97L，供水普及率83.86%，燃气普及率30.87%，人均道路面积21.41m^2，污水处理率21.67%，人均公园绿地面积1.76m^2，生活垃圾处理率78.6%。全国共有村镇建设管理机构24105个，村镇建设管理人员110014人。

乡村建设点多面广，各地的经济社会发展情况也各不相同，当前乡村建设工作也面临诸多亟待解决的问题。（1）乡村规划的起点不够高，覆盖面不够广，指导性与约束性不够强，无规划和不按规划建设的现象屡见不鲜。（2）对乡村住房建设的指导把关不够严格，设计施工品质不够高，占用土地较多，安全隐患不少，浪费较为严重，“有新房无新村”现象比较普遍。（3）乡村基础设施建设滞后，建设资金渠道不畅，建设标准较低，配套建设跟不上，道路不平、路灯不明、供水不足、排水不畅等问题在一些乡村仍比较严重。（4）乡村规划建设管理不严，法律法规与村规民约的结合不够好，加上宅基地的调整难度较大，乡村规划实施难度较大；部分村庄内人畜混居、垃圾乱堆、污水横流，农村人居环境亟待改善。

实施乡村振兴战略、开展乡村建设行动有诸多有利因素：党中央、国务院高度重视、习近平总书记亲自指挥，各级党委政府周密部署，规划目标明确，政策措施得力，行动步骤一致，广大人民群众积极支持、热情参与等。我们要认清形势、了解现状、掌握政策、正视问题、解决困难、树立信心，打赢这场旷日持久的人民战争，朝着全面建设社会主义现代化国家、实现第二个百年奋斗目标而披坚执锐、勇立新功。

1.4 规划目标

中共中央、国务院印发的《乡村振兴战略规划（2018—2022年）》，明确了乡村振兴战略的规划目标：

到2020年，乡村振兴的制度框架和政策体系基本形成，各地区各部门乡村振兴的思路举措得以确立，全面建成小康社会的目标如期实现。到2022年，乡村振兴的制度框架和政策体系初步健全。国家粮食安全保障水平进一步提高，现代农业体系初步构建，农业绿色发展全面推进；农村一二三产业融合发展格局初步形成，乡村产业加快发展，农民收入水平进一步提高，脱贫攻坚成果得到进一步巩固；农村基础设施条件持续改善，城乡统一的社会保障制度体系基本建立；农村人居环境显著改善，生态宜居的美丽乡村建设扎实推进；城乡融合发展体制机制初步建立，农村基本公共服务水平进一步提升；乡村优秀传统文化得以传承和发展，农民精神文化生活需求基本得到满足；以党组织为核心的农村基层组织建设明显加强，乡村治理能力进一步提升，现代乡村治理体系初步构建。探索形成一批各具特色的乡村振兴模式和经验，乡村振兴取得阶段性成果。

到2035年，乡村振兴取得决定性进展，农业农村现代化基本实现。农业结构得到根本性改善，农民就业质量显著提高，相对贫困进一步缓解，共同富裕迈出坚实步伐；城乡基本公共服务均等化基本实现，城乡融合发展体制机制更加完善；乡风文明达到新高度，乡村治理体系更加完善；农村生态环境根本好转，生态宜居的美丽乡村基本实现。

到2050年，乡村全面振兴，农业强、农村美、农民富全面实现。

2021年11月，国务院印发的《“十四五”推进农业农村现代化规划》，明确主要目标为：

到2025年，农业基础更加稳固，乡村振兴战略全面推进，农业农村现代化取得重要进展。梯次推进有条件的地区率先基本实现农业农村现代化，脱贫地区实现巩固拓展脱贫攻坚成果同乡村振兴有效衔接。

——粮食等重要农产品供给有效保障。粮食综合生产能力稳步提升，产量保持在1.3万亿斤以上，确保谷物基本自给、口粮绝对安全。生猪产能巩固提升，棉花、油料、糖料和水产品稳定发展，其他重要农产品保持合理自给水平。

——农业质量效益和竞争力稳步提高。农业生产结构和区域布局明显优化，物质技术装备条件持续改善，规模化、集约化、标准化、数字化水平进一步提高，绿色优质农产品供给能力明显增强。产业链供应链优化升级，现代乡村产业体系基本形成。

——农村基础设施建设取得新进展。乡村建设行动取得积极成效，村庄布局进一步优化，农村生活设施不断改善，城乡基本公共服务均等化水平稳步提升。

——农村生态环境明显改善。农村人居环境整体提升，农业面源污染得到有效遏制，化肥、农药使用量持续减少，资源利用效率稳步提高，农村生产生活方式绿色低碳转型取得积极进展。

——乡村治理能力进一步增强。党组织领导的农村基层组织建设明显加强，乡村治理体系更加健全，乡风文明程度有较大提升，农民精神文化生活不断丰富，农村发展安全保障更加有力。

——农村居民收入稳步增长。农民增收渠道不断拓宽，农村居民人均可支配收入增长与国内生产总值增长基本同步，城乡居民收入差距持续缩小。农民科技文化素质和就业技能进一步提高，高素质农民队伍日益壮大。

——脱贫攻坚成果巩固拓展。脱贫攻坚政策体系和工作机制同乡村振兴有效衔接，脱贫人口“两不愁三保障”成果有效巩固，防止返贫动态监测和帮扶机制健全完善并有效运转，确保不发生规模性返贫。

展望2035年，乡村全面振兴取得决定性进展，农业农村现代化基本实现。

2022年5月，中共中央办公厅、国务院办公厅印发的《乡村建设行动实施方案》，明确行动目标为：到2025年，乡村建设取得实质性进展，农村人居环境持续改善，农村公共基础设施往村覆盖、往户延伸取得积极进展，农村基本公共服务水平稳步提升，农村精神文明建设显著加强，农民获得感、幸福感、安全感进一步增强。

乡村建设行动将紧紧围绕党中央、国务院乡村振兴战略规划、推进农业农村现代化规划等目标进行。

第2章　乡村规划

乡村规划是乡村建设和管理的“龙头”。中华人民共和国成立以来，党和政府高度重视城乡规划工作，逐步形成了区域城镇体系规划、镇规划、乡规划、村庄规划、国土空间规划等一系列完整的乡村规划体系，规划对乡村建设和管理的指导作用大大加强。

2.1　发展进程

乡村规划是指在国家相关法律法规和方针政策的指导下，紧密结合乡村发展的实际，通过科学的方法对乡村未来的生产生活发展、人口规模、用地布局、房屋和基础设施建设等做出规划与预测，对乡村的建设与发展作出总体部署。

中华人民共和国成立后，乡村规划开始起步，它萌芽于人民公社规划，其发展与国家政策密不可分，至今大体经历了四个阶段：

1. 萌芽探索阶段（1949～1978年）

该阶段以人民公社为基层组织单位，对乡村的工业、农业、商业、文化教育等进行引导与组织，体现中央和各级政府对乡村自上而下的管理。1958年以后，借鉴苏联的经验，在国家有关部门的主导下展开了人民公社规划运动。规划的内容除农、林、牧、渔外，还包括平整场地、整修道路、建设新村等。全国以“农业学大寨”为目标，开展农田水利基本建设活动，农村食堂、幼儿园、中小学等设施大量普及，奠定了乡村基础格局。但其运动式、口号式的乡村规划与建设，因脱离实际、缺乏相应的规划理论指导，缺少规划专业技术人员支撑，效果不佳。“文革”期间，城乡规划被认为是“帝国主义”“修正主义”余毒受到批判，规划专业人员被下放到农村劳动，乡村规划工作被迫停止，或名存实亡。

2. 奠基成长阶段（1979～1997年）

1978年开始的农村家庭联产承包责任制，极大地推进了乡村经济与社会发展，随后农村建房势头高涨，但因缺乏规划，乱占滥用耕地问题突出。为遏制此现象，国家农业委员会、国家建设委员会等部门于1981年12月联合召开了第二次全国农村房屋建设工作会议，提出要把乡村规划和建设摆上议事日程，切实搞好规划，这标志着乡村规划进入了国家经济与社会发展计划。1982年国家有关部门颁发了《村镇规划原则》《村镇建房用地管理规定》等，为乡村规划编制提供了技术标准和依据。在此期间以“保护耕地、控制用地、规范农房建设、安排应急建设”为重点，全国编制了近万个乡镇、数十万个村庄规划。但早期的乡村规划存在上下层次脱节、近远期规划脱节、新建区与保留区域脱节等问题，缺少对城乡布局的统筹安排。后来国务院发布了《村庄和集镇规划建设管理条例》，建设部发布了《村镇规划标准》《建制镇规划建设管理办法》等，乡村规划开始有法可依、有章可循。各地逐步建立健全乡村规划建设管理机构，着力抓好乡村规划编制工作，乡村规划建设作为一个独立的整体，由改革开放初期单一的农房建设规划向以集镇为中心、以村庄为网络的综合性乡村规划转变。

3. 城乡统筹阶段（1998 ～ 2017 年）

此阶段城乡经济以较快速度发展，乡村人口大量外流，向城市、小城镇集中，乡村日益被边缘化，城乡分治、重城轻乡导致城乡差距、“三农”问题越来越突出。1998年，党的十五届三中全会明确提出“小城镇、大战略”，以建制镇、乡集镇为代表的小城镇迅速崛起，乡村规划的侧重点主要放在集镇规划上。2005年，党的十六届五中全会作出了建设社会主义新农村的决定，随后建设部在江西召开了全国村庄整治工作会议，明确提出以乡村规划为龙头，着力抓好村庄整治，在全国范围内掀起建设社会主义新农村的新高潮。为落实统筹城乡协调发展，建立统一的城乡规划体系，2007年10月全国人大常委会通过了《中华人民共和国城乡规划法》，确立了镇规划、乡规划和村庄规划的法律地位，极大地促进了乡村规划的编制与实施。党的十八大提出生态文明建设、美丽中国建设等理念，美丽乡村规划、美丽宜居规划、农村人居环境提升工程在全国盛行。该阶段规划研究与城乡建设以“城乡统筹”为主题，并进行了深入的实践与探索，如成都市作为全国统筹城乡发展综合改革试验区，以“全域成都”为理念，构建统筹城乡的规划体系，乡村规划从最初的农房建设规划和城乡统筹规划转移到注重村庄生态环境保护、村容村貌整治、生产发展等方面来。

4．规划转型阶段（2018 年以后）

党的十九大提出实施乡村振兴战略，并将其写入党章，随之国家出台了一系列行动方案、战略规划、实施意见。2018年中央一号文件《中共中央 国务院关于实施乡村振兴战略的意见》，提出了乡村振兴的具体任务，要求“产业兴旺、生态宜居、乡风文明、治理有效、生活富裕”，对乡村规划建设提出了更高的目标。自2018年开始，按照党中央确定的党政机构改革方案，城乡规划的管理职能从住房和城乡建设部划归自然资源部。2019年，中共中央、国务院下发了《关于建立国土空间规划体系并监督实施的若干意见》，强调：建立国土空间规划体系并监督实施，将主体功能区规划、土地利用规划、城乡规划等空间规划融合为统一的国土空间规划，实现“多规合一”。强化国土空间规划对各专项规划的指导约束作用，是党中央国务院作出的重大部署，乡村规划编制在国土空间规划的指导下进行。为此，自然资源部门陆续发布了省级国土空间规划编制指南、市县国土空间总体规划编制指南、乡镇国土空间总体规划编制技术指南、“多规合一”实用性村庄规划编制技术指南等，进一步加大了乡村规划编制的推进力度，新的一轮乡村规划编制工作全面展开，乡村规划朝着向“多规合一”转型的目标迈开了坚实的步伐。

2.2 体系规划

体系规划是合理配置区域内空间资源、优化城乡空间布局、统筹基础设施和公共设施建设的基本依据，是引导区域内城乡发展、指导下层次规划编制的公共政策。

体系规划按层次可分为省域城镇体系规划、市域城镇体系规划、县域村镇体系规划和乡镇域镇村体系规划。

省域城镇体系规划由省级人民政府负责组织编制，报国务院审批。其主要内容包括：明确全省城乡发展的总体要求，明确资源利用与生态环境保护的目标、要求和措施，明确省域城乡空间和规模控制要求，明确与城乡空间布局相协调的区域综合交通体系，明确城乡基础设施支撑体系，明确空间开发管制要求，明确对下层次城乡规划编制的要求，明确规划实施的政策措施。

市域城镇体系规划由市级人民政府负责组织编制，报省级人民政府审批。其主要内容与省域城镇体系规划大致相同，其区域为市管辖的所有区、县行政区域范围。

县域村镇体系规划由县级人民政府组织编制，报市级人民政府审批。其主要内容包括：综合评价县域的发展条件；制定县域城乡统筹发展战略，确定县域产业发展空间布局；预测县域人口规模，确定城镇化战略；划定县域空间管制分区，确定空间管制策略；确定县域村镇体系布局，明确重点发展的中心镇；制定重点城镇与重点区域的发展战略；确定村庄布局基本原则和分类管理策略；统筹配置区域基础设施和社会公共服务设施，制定专项规划；制定近期发展规划，确定分阶段实施规划的目标及重点；提出实施规划的措施和有关建议。

乡镇域镇村体系规划由乡镇人民政府组织编制，报县级人民政府审批。其主要内容包括：调查镇区和村庄的现状，分析其资源和环境等发展条件，预测第一、第二、第三产业的发展前景以及劳力和人口的流向趋势；落实镇区规划人口规模，划定镇区用地规划发展的控制范围；根据产业发展和生活提高的要求，确定中心村和基层村，结合村民意愿，提出村庄的建设调整设想；确定镇域内主要道路交通、公用工程设施、公共服务设施以及生态环境、历史文化保护、防灾减灾防疫系统。

据了解，全国绝大部分省（自治区）已完成省域城镇体系规划的编制与报批；大部分城市已完成市域城镇体系规划的编制与报批；绝大部分县已完成县域村镇体系规划的编制与报批；大部分乡镇已完成乡镇域镇村体系规划的编制与报批。

2.3　集镇规划

集镇，是指乡、民族乡人民政府所在地和经县级人民政府确认由集市发展而成的作为农村一定区域经济、文化和生活服务中心的非建制镇。

建制镇，是指国家按行政建制设立的镇。

集镇规划可分为集镇总体规划和集镇建设规划。集镇规划应当依照《镇规划标准》GB 50188—2007、由乡镇人民政府组织编制，报县级人民政府审批。

集镇总体规划的主要内容包括：乡（镇）行政区域内的集镇、村庄布点，集镇和村庄的位置、性质、规模和发展方向，集镇和村庄的交通、供水、供电、邮电、商业、绿化等生产和生活服务设施的配置。

集镇建设规划的主要内容包括：住宅、乡（镇）村企业、乡（镇）村公共设施、公益事业等各项建设的用地布点、用地规模、有关技术经济指标，近期建设工程以及重点地段建设具体安排。

集镇规划的编制应当遵循以下原则：

（1）根据国民经济和社会发展规划，结合当地经济发展的现状和要求，以及自然环境、资源条件和历史情况等，统筹兼顾，综合部署集镇的各项建设；（2）处理好近期建设与远景发展、改造与新建的关系，使集镇的性质和建设的规模、速度和标准，同经济发展和农民生活水平相适应；（3）合理用地，节约用地，各项建设应相对集中，充分利用原有建设用地，新建、扩建工程及住宅尽量不占用耕地和林地；（4）有利生产，方便生活，合理安排住宅、乡（镇）企业、公共设施和公益事业等建设布局，促进农村各项事业协调发展，并适当留有发展余地；（5）保护和改善生态环境，防治污染和其他公害，加强绿化和村容镇貌、环境卫生建设。

集镇总体规划的成果应当包括图纸与文字资料两部分。图纸应当包括：乡（镇）域现状分析图、集镇总体规划图；文字资料应当包括：规划文本、经批准的规划纲要、规划说明书、基础资料汇编。

集镇建设规划的成果应当包括图纸与文字资料两部分。图纸应当包括：镇区现状分析图、镇区建设规划图、镇区工程规划图、镇区近期建设规划图；文字资料应当包括规划文本、说明书、基础资料三部分。

建制镇规划编制应当依照《镇规划标准》GB 50188—2007 进行。由镇人民政府组织编制，报县级人民政府审批。镇区人口规模应以县域城镇体系规划预测的数据为依据，结合镇区具体情况进行核定；镇用地应按土地使用的主要性质划分为居住用地、公用设施用地、生产设施用地、仓储用地、对外交通用地、道路广场用地、工程设施用地、绿地、水域和其他用地 9 大类 30 小类；道路交通规划应包括镇区内部的道路交通、镇域内镇区和村庄之间的道路交通以及对外交通的规划；公用工程设施规划主要包括给水、排水、供电、通信、燃气、供热、工程管线综合和用地竖向规划；防灾减灾规划主要包括消防、防洪、抗震救灾和防风减灾的规划；环境规划主要包括生产污染防治、环境卫生、环境绿化和景观的规划。建制镇除编制总体规划外，还应编制近期建设规划和镇区控制性详细规划。

2.4　村庄规划

村庄，是指农村村民居住和从事各种生产的聚居点。

村庄规划由乡（镇）人民政府组织编制，报县级人民政府审批。一般只编制村庄建设规划，村庄总体规划包含在建制镇或集镇总体规划中，不另行编制。

村庄建设规划是对村庄现状及未来发展进行空间布局，综合安排各项建设，方便村民生产生活。村庄建设规划要尊重村民意愿，深入调查研究，坚持问题导向，突出村庄特色，体现公平透明。

村庄建设规划的主要内容，可以根据本地区经济发展水平，参照集镇建设规划的编制内容，主要对村民住房、公共服务设施、基础设施、绿化、环境卫生、防灾减灾等作出具体安排，提出用地与建设规模、风格、色彩等控制性和指导性要求。村庄建设规划可以在建制镇或集镇总体规划批准后逐步编制。

村庄建设规划的成果可以参照集镇建设规划成果并根据需要适当简化，但最少不得少于村庄现状分析图、村庄建设规划图、村庄近期建设规划图和村庄规划说明书这“三图一书”。

2005年党的十六届五中全会作出“建设社会主义新农村”决定后，在建设部的大力推动下，村庄整治工作在全国范围内展开。为提高村庄整治水平，规范村庄整治工作，改善农民生产生活条件和农村人居环境，稳步推进社会主义新农村建设，促进农村经济、社会、环境协调发展，2008年住房和城乡建设部、国家质量监督检验检疫总局联合发布了国家标准《村庄整治技术规范》GB 50445—2008。该规范明确：村庄整治应符合有关规划要求。当村庄规模较大、需整治项目较多、情况复杂时，应编制村庄整治规划作为指导。

村庄整治规划，应立足现有条件及设施，以公共设施与公共环境整治、改善为主要内容，提出村庄整治工作的技术要求、实施建议与行动计划，提供符合村庄整治实施要求的主要技术文件。村庄整治规划成果应达到“两图三表一书”的要求，即：现状图、整治布局图；主要指标表、投资估算表、实施计划表；说明书。

2.5 国土空间规划

我国最早完整提出“国土空间规划”是在2018年。2013年党的十八届三中全会指出“建立空间规划体系，划定生产、生活、生态开发管制边界，落实用途管制。”同年12月召开的中央城镇化工作会议明确：推进市、县规划体制改革，探索能够实现“多规合一”的方式方法。2014年3月，中共中央、国务院印发的《国家新型城镇化规划（2014—2020年）》要求：推动有条件地区的经济社会发展总体规划、城市规划、土地利用规划等“多规合一”。随后国家有关部门组织开展了“多规合一”的试点，力求整合各部门分头编制的各类空间性规划，编制统一的空间规划，推进“多规合一”。2018 年 3 月，《中共中央关于深化党和国家机构改革的决定》明确要求“强化国土空间规划对各专项规划的指导约束作用”。2018 年 9 月，中共中央、国务院印发的《乡村振兴战略规划（2018—2022 年）》进一步明确 ：“强化国土空间规划对各专项规划的指导约束作用，统筹自然资源开发利用、保护和修复，按照不同主体功能定位和陆海统筹原则，开展资源环境承载能力和国土空间开发适宜性评价，科学划定生态、农业、城镇等空间和生态保护红线、永久基本农田、城镇开发边界及海洋生物资源保护线、围填海控制线等主要控制线，推动主体功能区战略格局在市县层面精准落地，健全不同主体功能区差异化协同发展长效机制，实现山水林田湖草整体保护、系统修复、综合治理。”

至此，我国迎来了国土空间规划的新时代。

2019 年 5 月，《中共中央 国务院关于建立国土空间规划体系并监督实施的若干意见》明确指出 ：“国土空间规划是国家空间发展的指南、可持续发展的空间蓝图，是各类开发保护建设活动的基本依据。建立国土空间规划体系并监督实施，将主体功能区规划、土地利用规划、城乡规划等空间规划融合为统一的国土空间规划，实现‘多规合一’，强化国土空间规划对各专项规划的指导约束作用，是党中央、国务院作出的重大部署。”主要目标是 : 到 2020 年，基本建立国土空间规划体系，逐步建立“多规合一”的规划编制审批体系、实施监督体系、法规政策体系和技术标准体系 ；基本完成市县以上各级国土空间总体规划编制，初步形成全国国土空间开发保护“一张图”。到 2025 年，健全国土空间规划法规政策和技术标准体系 ；全面实施国土空间监测预警和绩效考核机制 ；形成以国土空间规划为基础，以统一用途管制为手段的国土空间开发保护制度。到 2035 年，全面提升国土空间治理体系和治理能力现代化水平，基本形成生产空间集约高效、生活空间宜居适度、生态空间山清水秀，安全和谐、富有竞争力和可持续发展的国土空间格局。

国土空间规划是对一定区域国土空间开发保护在空间和时间上作出的安排，包括总体规划、详细规划和相关专项规划。国土空间规划要求体现战略性，提高科学性，加强协调性，注重操作性。国家、省、市、县编制国土空间总体规划，各地结合实际编制乡镇国土空间规划。在城镇开发边界外的乡村地区，以一个或几个行政村为单元，由乡镇政府组织编制“多规合一”的实用性村庄规划。

江西省自然资源厅印发的《乡镇国土空间总体规划编制技术指南》，要求国土空间规划主要编制内容：一是基础研究，对现行空间类规划的实施成效进行评估；二是目标定位（含发展定位、人口规模、控制指标）；三是全域国土空间规划（含生态空间、农业空间、城镇空间、用地结构和布局优化）；四是自然资源保护与利用（含土地资源、水资源、湿地资源、森林资源、矿产资源）；五是国土综合整治与生态修复（含国土综合整治、国土空间生态修复）；六是产业发展规划（发展方向、产业布局、用地保障）；七是品质提升与特色塑造（含综合交通、公共服务设施、市政基础设施、绿地水系、综合防灾减灾、历史文化保护、风貌特色）；八是镇（乡）村体系布局（含镇村结构、村庄规划指引）；九是镇区（集镇）规划（含用地布局、重要控制线管控、建设管控、综合交通、市政工程、公共服务设施、综合防灾等）。

乡镇国土空间总体规划成果由规划文本、图件、数据库、附件构成。规划文本包括规划总则、目标定位、全域国土空间格局、国土综合整治与生态修复、镇（乡）村体系布局、镇区（集镇）规划、规划实施引导等强制性内容，并附有主要目标、控制指标及近期重点项目等汇总表；规划图件包括必选图件（国土空间现状图、国土空间规划图、国土空间用途管制分区图、国土综合整治与生态修复规划图、“三区三线”划定图、综合交通规划图、镇村体系结构图、近期重点项目布局图、集镇用地规划图、集镇“四线”划定图、集镇综合交通规划图等），可选图件（区位图、遥感影像图、生态安全格局现状和规划图、空间结构规划图、产业布局规划图、公共服务设施规划图、市政基础设施规划图、历史文化遗产保护规划图、综合防灾规划图、旅游发展规划图、集镇开发强度分区图等）；规划数据库包括基础空间数据和属性数据；附件包括对规划文本、图件的补充解释（规划说明、编制情况说明、专家论证意见及修改说明、公众和有关部门意见及采纳情况等）。

“多规合一”实用性村庄规划成果由文本、图件、村庄规划数据库、附件组成。（1）文本包括总则、基本内容、选做内容、村庄规划管理公约、附表等。村庄规划管理公约应结合当地现有村规民约规定及行文风格，将规划中的管制要求提炼，形成村庄规划的村规民约内容建议。内容应包括管控要求，如生态环境保护、耕地和永久基本农田保护、村庄建设边界与宅基地管理、村庄安全和防灾减灾等。特色保护类村庄还应对历史文化保护等提出管理公约。村庄规划管理公约应做到“行文易懂、内容好记、管理可行”。附表包括内容目标表、国土空间结构调整表、近期建设项目表等。（2）图件包括基本内容图件，如村域综合现状图、村域综合规划图、国土空间用途管制图、生态保护修复与国土综合整治规划图、安全和防灾减灾规划图、自然村总平面图；选做内容图件，如产业规划图、道路交通规划图、公共服务设施规划图、基础设施规划图、近期建设规划图、集体经营性建设用地规划管控图、户型选择图等。各级历史文化名村、传统村落保护（发展）规划图件要求执行相关保护（发展）规划有关编制要求。（3）村庄规划数据库。（4）附件包括村民意见征集材料、会议纪要、部门意见、专家论证意见、村民参与村庄规划的相关记录材料等。

建立国土空间规划体系，当然也包括编制乡镇国土空间总体规划和“多规合一”实用性村庄规划，且这部分工作点多面广，需投入大量的人财物力。目前这项工作正在全国迅速展开，并取得了较好成绩。

2.6 规划实施

乡村规划编制完成后，应按规定报批，经法定程序批准的规划才具有法律效力。

乡村规划经批准公布后，最重要的是要抓好规划的实施。应着力做好以下工作：

（1）要依法依规管规划。《中华人民共和国城乡规划法》《中华人民共和国土地管理法》《中华人民共和国乡村振兴促进法》《村庄和集镇规划建设管理条例》等相关法律法规均对城乡规划的实施提出了明确要求。各省（自治区、直辖市）也相继制定了相关地方性法规规章。乡村中的各项建设活动都必须依照规划进行，严格做到“无规划不准建设”，对违反规划的行为必须按照相关法律法规进行处罚。过去一些地方未能依法依规管好规划，导致乡村建设杂乱无章，“有新房无新村”现象比较普遍。依法治国，在法律面前人人平等，才能确保乡村规划的实施。

（2）要建立健全管理机构。过去乡村规划管理机构不够健全、多头分散管理是导致规划难以全面实施的原因之一。2018年新一轮党政机构改革后，城乡规划的管理职能划归自然资源部门统一管理，乡村规划管理机构一直延伸到乡镇，许多地方村级也有管理人员，不仅征地、建房、修路等严格按规划进行，而且乱搭乱建等现象能及时发现和制止。有人管事、有机构管事，是乡村规划得以全面实施的重要保障。如江西省婺源县曾被誉为“中国最美乡村”，多年来该县的乡村规划建设管理机构一直比较齐全，农民新建、改（扩）建房屋必须事先经过村级集体经济组织同意，再到乡（镇）规划建设管理机构办理相关审批手续，然后按照规划和设计图纸建房；在建房过程中，县、乡（镇）、村三级依法依规进行监督，对违反规划的行为及时制止，从而确保乡村规划的实施。

（3）要增强民众的规划意识。乡村规划涉及乡村各行各业和千家万户，编制与实施规划离不开当地干部群众的参与。在编制乡镇国土空间总体规划和“多规合一”实用性村庄规划过程中，自然资源部门明确要求将规划中涉及乡镇发展及公众利益、民生保障等方面的主要内容编成公众读本，向当地居民公示，让群众充分享有知情权、决策权，以增强民众的规划意识。只有让大家都来了解规划、自觉执行规划、同违反规划的行为作斗争，才能将规划上升为全民的意识行动。

（4）要健全用途管制制度。自然资源部门要求以国土空间规划为依据，对所有国土空间分区分类实施用途管制；依托国土空间基础信息平台，建立健全国土空间规划动态监测评估预警和实施监管机制。用途管制制度既结合乡村规划又结合土地管理，是一种行之有效的方法。要严格执行规划，一张蓝图干到底，以钉钉子精神抓好贯彻落实，久久为功，持之以恒抓好规划的实施。

第3章　房屋建设

乡村房屋建设是乡村振兴的重要内容。乡村房屋建设是否美观、经济、适用、安全，直接体现了广大农村全面建成小康社会的水平。房屋建设既要符合规划、节约用地，又要经久耐用、适应功能要求；科学设计、精心施工、控制造价、确保质量安全是关键。

3.1　住房建设

住房建设是乡村建设行动中的“重头戏”。“小康不小康，关键看住房”。改革开放以来，我国广大农村面貌发生了翻天覆地的变化，尤其是住房。绝大多数农户都告别了低矮潮湿的旧房，住进了宽敞明亮的新房，生产、生活条件得到了很大的改善。随着脱贫攻坚战的胜利、小康社会的全面建成，人民生活水平的不断提高，广大农民对美好生活的需求越来越高，农民新建、改（扩）建住房的愿望仍势不可挡。

我国乡村的住房建设大体上可分为三种类型：

1. 纯住宅型。这种类型的房屋在功能上只考虑居住，一般为2～3层，一层为厅堂、厨房、卫生间、杂物间等，二至三层为卧室、仓储室、卫生间等，大多为独幢的砖混结构，也有兄弟姐妹合建的（共墙），条件允许时一般都围有几十平方米的院子。

2. 商住合一型。这种类型的房屋建造时通常会考虑一层主要用于开店或办小型加工场所，辅助设施有厨房、卫生间；二、三层为卧室、仓储室、卫生间等，大多为独幢（或连体）的砖混结构。

3．多层单元式住房。这种类型的房屋一般出现在集镇或城市（县城）规划区内的村庄，包括商品房、原单位自建住房等，用地性质既有国有土地，也有集体土地，房屋的设计和建造与城市（县城）住宅基本相同。

《中华人民共和国城乡规划法》《中华人民共和国土地管理法》规定：在镇规划区内建房必须符合规划，依法办理《建设用地规划许可证》《建设工程规划许可证》，办理建设用地审批手续；在乡村规划区内建房也必须符合规划，依法办理《乡村建设规划许可证》，办理建房用地（宅基地）审批（或登记）手续。

《中华人民共和国乡村振兴促进法》明确：国家建立健全农村住房建设质量安全管理制度和相关技术标准体系，建立农村低收入群体安全住房保障机制。建设农村住房应当避让灾害易发区域，符合抗震、防洪等基本安全要求。县级以上地方人民政府应当加强农村住房建设管理和服务，强化新建农村住房规划管控，严格禁止违法占用耕地建房；鼓励农村住房设计体现地域、民族和乡土特色，鼓励农村住房建设采用新型建造技术和绿色建材，引导农民建设功能现代、结构安全、成本经济、绿色环保、与乡村环境相协调的宜居住房。

乡村住房建设应做到"先设计、后施工"。在集镇或村庄建多层单元式住房应委托设计单位进行房屋的设计，并对施工图进行审查，然后通过招标等形式委托建筑施工队伍施工，同时依法办理质量（安全）监督、施工许可等手续，竣工经验收合格后方可交付使用；建设纯住宅型或商住合一型房屋，提倡委托设计或选用《农村住宅通用图集》中的通用设计图，然后聘请施工队伍或个体工匠施工，在乡镇村镇建设管理人员的指导下注重施工质量和安全，竣工后建议请相关专业人员参与验收，以便放心入住。

为节约用地、保护耕地，农村建住房应尽可能使用原有宅基地，或选用荒地、空闲地，不占或少占农田；宅基地面积应根据各地实际从严控制。新房建成并入住后，旧房应主动拆除。

随着经济社会的发展和人民生活水平的提高，农房建设标准也有了较大的提高，除考虑安全性、经济性、舒适性外，不少建房户对房屋外观、节能环保、建筑装饰材料等提出了较高要求，从事乡村建设工作的同志应加强学习、更新观念、掌握政策，为农村建房提供规范高效、热情周到的服务。

为加强农房建设风貌引导、规范农房设计、完善农房功能，提高农村居住水平和农房建设质量，在组织调研和充分尊重群众意愿基础上，2021年12月，江南某省住房和城乡建设部门制定了《农房设计和建设技术导则》，现摘录如下：

农房建设及农房改造坚持安全、适用、经济、美观的原则；坚持可持续发展原则，节约用地、注重生态环境保护和建筑节能；紧密结合农民群众生产、生活需求及居住习惯，采用经济合理的建筑材料和建造技术。

农村建房应严格履行报批程序。乡镇人民政府或街办依据县级自然资源、农业农村等部门审核结果对农民宅基地建房申请进行审批。农户作为农村自建房的安全责任主体，在房屋开工建设、竣工验收、使用及维护中应提高安全意识，及时发现并消除房屋安全隐患，未经许可不得擅自改建、扩建。家庭普通装修，不可过多增加荷重，不可削弱房屋结构与受力构件。

农村新建住房，混凝土框架结构、底部框架上部砌体结构和特别不规则结构房屋应委托具有专业资质（执业资格）的设计单位（设计人员）出图方可建设；其他结构类型房屋可委托建筑设计单位或者专业技术人员进行设计并出具施工图，也可选用各地住建部门提供的农村住房设计通用图集。

对既有农房进行改建、扩建及加层等建设前应委托有资格的鉴定单位对原结构进行鉴定，提出安全建议。当确定需要加固改造时应委托有相关资质的设计单位和施工队伍进行设计和施工，竣工后应由当地镇（乡）政府组织专业技术人员进行验收，验收合格后方可使用。既有农房改造应按照住房和城乡建设部《关于印发〈农村住房安全性鉴定技术导则〉的通知》要求进行安全性鉴定，确保房屋安全的条件下满足改造要求。传统农房改造要保留地域、民族特点和地方特色，对具有传统建筑风貌和历史文化价值的住宅、祠堂等应进行重点保护和修缮。

农房应结合各项基础设施建设，加强水源地保护和农村饮水安全，确立防洪、防火、防疫、防污染、减灾的公共安全体系。农房宅基地的面积标准按照现行的《中华人民共和国土地管理法》执行：占用宅基地和村内空闲地的，每户不得超过180m^2；占用耕地的，每户不得超过120m^2；因地形条件限制、居住分散而占用荒山、荒坡的，每户不得超过240m^2。

农房建设应依据村庄规划，结合农村当地地域特征，尊重当地风俗习惯，做到与周边自然环境和谐共生。农房建设应以人为本，提升农民居住生活水平，从设计、施工和使用维护全过程综合提升农房建筑质量，延长农房使用寿命，增强农房建筑防震减灾和防火能力。农房设计应符合现行国家标准《农村防火规范》GB 50039、现行行业标准《镇（乡）村建筑抗震技术规程》JGJ 161和现行国家标准《美丽乡村建设指南》GB/T 32000等有关标准规定；三层农房结构应按现行国家标准《建筑抗震设计规范》GB 50011等相关规范进行设计；三层以上农房及公共建筑应严格按照国家和省现行相关标准进行设计并严格履行基本建设程序。

农房建设应结合当地气候特点和用能实际进行建筑节能设计，优先选用墙体保温与结构一体化等新型建筑保温体系。农房建设应根据给水排水、电气和燃气等管线布置要求，为相关设备预留安装位置，确保设备系统功能有效、运行安全和维修方便。

农房建设应结合当地农村经济发展状况和建筑全寿命周期的资源消耗，使用绿色建材，节约建设使用及维护成本。

3.2 公共建筑

乡村中的公共建筑根据国家相关政策、当地人口规模、经济和社会发展情况而布局，并在乡村规划中对其作出合理的安排。乡村公共建筑种类主要有：教学、医疗、保健、办公、金融、商业、科技、文化、旅游、娱乐、社会福利设施等。

教学设施遍及各乡镇及部分中心村、基层村。乡镇政府所在地一般都建有中心小学、初级中学，人口较多且具有带动辐射能力的集镇设有高中部，中心村设有完全小学，个别较偏远的山村还保留了初小。还有幼儿园等学前教育。教学设施的建设按照国家有关规范、由县级教育部门组织实施，一般需经发展改革部门立项审批、财政部门安排建设资金、自然资源部门规划选址用地审批、住房和城乡建设部门指导工程设计、抗震防灾（消防）、招标投标、建筑质量安全、竣工验收备案、建设档案保管等环节。近些年国家加大了对教育设施建设与改造的力度，农村教学点的危房基本消除，但各项基建活动仍将根据需要而长期进行。

医疗设施的完善是建设健康中国的重要保证。近年来传染性疾病、突发性公共卫生事件敲响了乡村医疗事业的警钟，“十四五”时期我国将加大投入，完善乡村医疗设施，配套建设或改造乡镇卫生院，普及村卫生所或医疗点，着力解决农（居）民的“看病难、看病贵”问题，实现“病有所医”目标。乡村医疗设施建设由县级卫生健康部门组织实施，基本建设程序与教育设施雷同。在经济较发达和有条件的乡镇，近年来保健设施悄然兴起，大多为民办，也有的乡镇卫生院开办保健所，旨在提高人民的健康水平。

办公设施泛指乡镇政府和“七站八所”、村（居）委会等办公场所的建设，应严格按照国家控制楼堂馆所建设的总体要求，严格遵守基本建设程序和相关建设标准，服从乡村规划和土地管理，搞好建筑设计，注重工程质量与安全。

乡村金融、科技、文化等设施建设主要由上级行业主管部门安排，采取新建、改（扩）建或者租赁等形式。这类设施主要分布在乡镇政府所在地，近年来随着“三下乡”活动的深入开展开始向村庄延伸。

乡村商业、旅游、娱乐等设施建设以社会资金投资为主，政府投资为辅，科学规划、精心设计、强化施工管理、确保质量安全是前提，其建设不仅能促进当地经济发展、改善群众生活环境，而且能提升乡村建设的档次，改变村容镇貌。这些设施的建设同样需要服从乡村规划管理，且设计理念新颖，设施适度超前，具有现代乡村气息。

乡村社会福利设施包括敬老院、孤儿院、残疾人康复院等。随着我国人口老年化和乡村城市化进程的加快，这类设施建设得到了各级政府的重视，也成为民间投资的新热点。总的建设原则是“因地制宜、完善功能、注重质量、服务社会”，根据当地经济社会发展水平，以乡镇为单位统一规划建设，注重社会效益，体现时代进步。

乡村公共建筑的主要特点有综合性、多功能性、群众性、地方性、经济性等，应特别注重设计、施工质量。其设计必须符合规划要求，满足各项目不同的功能，设施设置完整，结构安全可靠，并应注重地方特色和民族风格，与周边环境相协调。施工应委托正规的建筑队伍，遵守建筑管理的各项规定，确保质量安全。

3.3　生产建筑

乡村生产性建筑是指用以从事农、工、副业生产的各种建筑物和构筑物。包括工业生产建筑、仓储建筑、饲养类建筑、生态建筑和农业建筑等。

乡村生产性建筑与住房、公共建筑相比，在设计原则、建筑用料和建筑技术等方面有许多共同点，但由于其生产工艺的特殊要求，又具有自身的综合性、多功能性、季节性、灵活性、经济性等特点。如厂房建筑应符合生产工艺的要求，内部大多为畅通的大空间，外墙开窗洞口较大，抗震要求较高；仓储建筑要求保温、隔热、防潮、大容积，近年来快速发展的冷链物流业，其冷库等设施大部分建在乡村；生态建筑要求节能、环保，充分利用太阳能等。在设计过程中除严格遵守相关规范外，还应结合当地实际，就地取材选用建筑材料以及施工队伍，降低工程造价，缩短建设工期。

乡村工业、农业、仓储等设施的建设应紧紧围绕当地国民经济和社会发展规划进行，“宜工则工、宜农则农”，防止出现“村村点火、户户冒烟”现象，严格规划与用地用途管制，注重生态环境的保护，不得以破坏生态、牺牲环境为代价。

3.4 农村危房改造

改革开放后我国广大农民的住房条件得到了极大的改善，但贫富差距依然存在，特别是贫困地区的农民，许多仍居住在危旧房中。随着国家脱贫攻坚力度的加大，实施农村危房改造、解决贫困农民的住房困难问题提上了各级党委、政府的议事日程。通过认真的调查研究，在2008年贵州省试点的基础上，国家有关部门决定自2009年起在全国实施农村危房改造。

农村危房改造实施的主要责任单位为各级住房和城乡建设部门。农村危房改造的对象起先是国家扶贫重点县和集中连片特困县居住在农村中C级、D级危房的困难户，优先安排特困户、低保户，后扩大到建档立卡贫困户。操作程序为：先由县级住房城乡建设部门会同乡镇政府对农村住房情况进行调查摸底，并组织专业人员对危房进行鉴定，登记造册，录入住房城乡建设部“农村危房改造信息系统”；再由国家相关部门下达农村危房改造年度计划，下拨建房补助资金；然后由省级有关部门制定农村危房改造实施方案、配套补助资金，并将计划与补助资金下达给有关县（市、区），由县级住房城乡建设部门会同有关部门和乡镇政府组织实施；最后由省、市、县组织验收组进行验收，验收合格后农户方可搬迁入住。

实施农村危房改造，采取“国家财政补助一点、省市县财政配套一点、农户自筹一点”的办法，帮助农村住房困难户新建或维修改造住房，逐年消除农村危房，改善农村住房条件，是国家住房保障的一项重要内容，也是脱贫攻坚的一项重要举措，深得人心。据统计，到2020年年底，中央累计安排2805.72亿元补助资金、支持了2869.4万贫困农民改造危房，数千万农村贫困人口住上了安全房。

2013年12月，住房和城乡建设部、国家发展改革委、财政部联合制定了《农村危房改造绩效评价办法（试行）》，从资金安排、政策措施、工程实施、监督管理、电子档案、工程进度、质量安全、农户满意度、信息公开等多个方面对各地农村危房改造工作进行评价。同时，要求加强危房改造补助资金管理，将绩效评价结果与次年任务资金分配相挂钩。

帮助住房最危险、经济最贫困农户解决最基本的安全住房，是农村危房改造始终坚持的基本原则。2014年，住房和城乡建设部组织开展农村危房现状调查，通过与国务院扶贫办等部门信息比对，确定了“十三五”时期完成585万户建档立卡贫困户等4类重点对象危房改造的任务。2016年，住房和城乡建设部牵头印发了《关于加强建档立卡贫困户等重点对象危房改造工作的指导意见》，把4类重点对象放在农村危房改造优先位置，以保障其住房安全为目标。为实现贫困户的精准管理，住房和城乡建设部组织实行“一户一档”农村危房改造农户档案管理制度，批准一户、建档一户，农户档案录入农村危房改造信息系统中。

针对农村危房改造过程中出现的对象认定不准确、深度贫困户无力建房、补助资金拨付和使用不规范等问题，在2017年发布的《关于加强和完善建档立卡贫困户等重点对象农村危房改造若干问题的通知》中，住房和城乡建设部等三部门要求，对危房改造对象认定标准和程序、贫困户“住房安全有保障”的认定标准和程序予以明确和细化，并要求从提升改造效果、实施到户技术指导、简化申请审批程序等多个方面提升农户的满意度。

2018年，为进一步规范农村危房改造工程建设与验收、保障农村危房改造基本安全，住房和城乡建设部印发了《农村危房改造基本安全技术导则》，为农村危房改造基本安全划出底线，并要求各地在参照执行的同时，结合实际细化，针对不同结构类型农房，制定既能保证安全又不盲目提高建设标准的地方标准，切实让农村困难群众住得安全又不增加负担。

2018年11月，住房和城乡建设部、财政部在《农村危房改造脱贫攻坚三年行动方案》中，明确了危房改造工作的指导思想、基本原则和目标任务。同时，要求倾斜支持“三区三州”等深度贫困地区，探索支持农村贫困群体危房改造长效机制，逐步建立农村贫困群体住房保障制度，确保2020年前完成现有200万户建档立卡贫困户存量危房改造任务。

按照党中央、国务院的部署，在住房和城乡建设部及相关部门的合力推动下，10多年来，农村危房改造进展顺利，取得了显著成效，数千万贫困农民告别原来的破旧危房，住上了基本安全房。很多地方结合农村危房改造同步开展抗震、节能、人畜分离和改厕等改造，改善基础设施、公共服务设施，不但提高了居住舒适度，而且改善了农村人居环境。此外，农村危房改造还发挥了拉动内需、带动相关产业发展和扩大就业的积极效应，累计拉动直接投资1万多亿元，创造了约50亿工日就业。

3.5　移民建镇

1998年夏季长江中下游地区遭受了历史上罕见的特大洪涝灾害。党中央、国务院高瞻远瞩，提出了“封山植树、退耕还林；平垸行洪、退田还湖；以工代赈、移民建镇；加固干堤、疏浚河湖”的“32字”指导方针，中央领导同志多次亲临现场指导抗洪救灾和灾后重建工作。国家从国债资金中安排了103亿元，用于补助湖北、湖南、江西、安徽四省实施第一期移民建镇工程，其中江西省移民户数为11.5万户，约占四省总数的35.5%。此后国家又连续实施了第二、第三、第四期移民建镇工程，至2006年基本结束，历时8年。

这场史无前例的移民建镇工程，在我国乡村建设史上写下了浓厚的一笔。据统计，单是江西省的移民建镇工程就涉及南昌、九江、上饶三地（市）所辖的27个县（市、区、场）、241个乡镇，共平退沿长江、鄱阳湖的中小圩堤516座，移民22.1万户、90.82万人，享受中央财政补助资金36.7亿元。全省共新（扩）建集镇126个，中心村363个，基层村2097个，累计完成投资62.6亿元，其中移民建房投资55.8亿元，基础设施建设投资6.8亿元。

实施大规模的移民建镇工程，就是在党和政府的精心组织下，通过国家补助部分建房资金的方式，将居住在长江沿岸及鄱阳湖、洞庭湖等沿湖地区低洼地带的农民搬迁至地势较高的村镇建住房，使其免受水患之苦、安居乐业。

江西移民建镇工作的主要做法：（1）深入灾区调查研究。移民建镇之初，省、市、县有关部门组成工作组，深入滨湖地区实地走访受灾的村民，了解受灾群众的诉求，摸清因灾倒房和受淹情况，逐级汇总上报建设部门，为移民建镇的科学决策提供了基础数据。（2）广泛开展宣传动员。灾后重建的指导方针确定后，数万名干部深入灾区做群众工作，宣传党中央、国务院对灾区人民的亲切关怀，增强凝聚力；宣传中央“32字”指导方针，增强说服力；宣传移民建镇的优惠政策，增强吸引力。通过多方宣传动员，移民建房的热情空前高涨，为搞好大规模的移民建镇工作打下了扎实的群众基础。（3）精心组织选址布点。省、市、县陆续组织编制了移民建镇布点规划，要求所有移民点选择在远离水患的地方，充分利用荒山荒坡地建房，不占或尽量少占农田；尽可能多建集镇、中心村，少建基层村，严格控制建20户以下的居民点，以体现“移民建镇”原则。（4）十分注重规划设计。规划是建设社会主义新农村的“龙头”，强调规划先行，要求“无规划不准建设，无设计不准施工”。在原建设部的大力支持下，先后组织了清华大学、同济大学、中国城市规划设计研究院等几十家规划设计单位的近千名技术人员深入灾区，无偿帮助各地编制灾后移民建镇规划。由建设部门组织专家设计了几十种户型的灾后重建村镇住宅通用图集，统一印刷无偿分发到各移民建镇点，供移民户选用。（5）狠抓进度质量安全。从第一期移民建镇工程开始，省有关部门印发了《移民建房质量（安全）监督手册》，组织数千名质监员常驻各移民建镇点，形成自下至上的严密的质量安全监督管理网络。要求在抓好质量安全的基础上，努力加快建房进度，确保灾民安全过冬。（6）逐步配套基础设施。完善的基础设施是社会主义新农村的重要标志，过去的农村缺水少电、路不平、灯不明、排水不畅、基础设施简陋，出门“晴天一身灰、雨天一身泥”。各级政府高度重视基础设施建设，要求在移民建镇点主攻水、电、路，配套建设学校、医院、敬老院、邮政、电信、绿化、环卫等设施，极大地方便了移民群众的生产和生活。几乎所有集镇、中心村都新修了水泥路，村民用上了自来水，安装了电话和闭路电视，就近解决了小孩上学和就医问题，群众对此非常满意。（7）强化移民资金监管。资金管理是移民建镇工作的核心，省有关部门下发了移民建镇资金管理办法，对资金管理作了具体明确的规定。在移民建镇过程中多次组织对资金管理使用情况进行较大范围的专项检查，对违反移民建镇资金管理的行为发现一起、查处一起，决不迁就姑息。（8）切实加强后续管理。为巩固移民建镇成果，切实解决好移民生计问题，省有关部门在调研的基础上下发了《关于认真做好移民建镇后续管理工作的意见》，要求各地在基本完成移民建房任务后、把主要精力放在抓好移民建镇后续管理工作上来，严格执行规划，保证后续移民建房质量；完善基础设施，改善移民生产生活环境；落实移民生计，引导移民脱贫致富奔小康；健全管理机构，强化各项管理工作。

通过实施移民建镇，在沿江沿湖地区的广大农村实现了三个历史性的新跨越：（1）规划设计的新跨越；（2）基础设施的新跨越；（3）人居环境的新跨越。较大规模的移民建镇是社会主义新农村建设的一次伟大探索，是中华人民共和国成立以来乡村建设的一次具体行动，其经验和做法值得借鉴。

第4章　基础设施

乡村基础设施是乡村赖以生存和发展的重要基础条件。在建设社会主义现代化国家的新征程中，应高度重视乡村基础设施建设，逐步完善乡村道路、供电供水、绿化环卫、燃气供热、邮电通信、公共设施等基础设施，为乡村振兴提供有力保障。

4.1　乡村道路

乡村道路是乡村重要的基础设施。广义的乡村道路包括连接城乡的公路，本书所述的乡村道路指集镇、村庄规划区内的公共道路。

集镇规划区内的道路可分为主干路、干路、支路、巷路四级。主干路的红线宽度为24～36m，道路间距应大于或等于500m；干路的红线宽度为16～24m，道路间距为250～500m；支路的红线宽度为10～14m，道路间距为120～300m；巷路的道路间距为60～150m。

连接工厂、仓库、车站、码头、货场等以货运为主的道路不应穿越镇区的中心地段；文体娱乐、商业服务等大型公共建筑出入口处应设置人流、车辆集散场地；商业、文化、服务设施集中的地段，可布置为商业步行街，根据集散要求应设置停车场地、紧急疏散出口；人行道宜设置无障碍设施。

集镇道路可根据当地经济社会发展水平采用水泥混凝土路

面、沥青混凝土路面、块石路面、砂石路面等形式。应按照“先地下、后地上”的原则埋设排水管道、污水管道以及电缆、通信等管路，主干路、干路应设置人行道并配套绿化、环卫、路灯照明等设施。镇域内的道路系统应与公路、铁路、水运等对外交通相互协调。

村庄道路可分为主要道路、次要道路和宅间道路三个层次。

村庄主要道路是将村内各条道路与村口连接起来的道路，解决村庄内部各种车辆的对外交通，路面宽度不宜小于4m，路面两侧可设置路缘石，考虑边沟排水，边沟可采用暗排形式，或采用球状砌片石、浆砌片石、混凝土预制块等明排形式。主要道路路基路面应具有足够的承载力和稳定性。路面铺装一般可采用沥青混凝土路面、水泥混凝土路面、块石路面或砂石路面等形式。

村庄次要道路是村庄内各区域与主要道路的连接道路，主要供小汽车、农用小型机动车及畜力车通行，其交通量及车辆荷载较小。路面宽度不宜小于2.5m；路面宽度为单车道时，可根据实际情况设置错车道；路面铺装应重点考虑经济、环保、和谐等因素，因地制宜采用沥青混凝土、水泥混凝土、石材、预制混凝土方砖、砂石等路面。

村庄宅间道路是村民房前屋后与次要道路的连接道路，是村民生活、生产的必经之路，宅间道路承担的交通量最小，仅供非机动车及行人通行，路面宽度不宜大于2.5m。路面铺装可因地制宜采用水泥混凝土、石材、预制混凝土方砖、透水砖、砂石等路面。

中心村和有条件的基层村，应考虑在村庄道路旁安装一定数量的路灯照明。

新建和改（扩）建乡村道路应严格按规划进行。过去由于没有规划或规划执行得不够好，许多地方乡村路网结构不合理，路不平不直、路面过窄、缺乏排水设施，不利于生产生活。在乡村建设行动中，乡村道路建设是一项主要内容，任务比较艰巨。

4.2 供电供水

经过大规模的农村电网改造，目前乡村供电基本上都由国家电网统一规划和管理，此前的农村小水电、风力发电、太阳能发电等也逐步与国家电网并网。

乡村供电应科学预测用电负荷，确定供电电源、电压等级、供电线路和供电设施。供电负荷的计算应包括生产和公共设施用电、居民生活用电等。用电负荷可采用现状年人均综合用电指标乘以增长率进行预测。电网电压等级宜定为110kV、66kV、35kV、10kV和380V/220V，采用其中2～3级和两个变压层次。电网规划应明确分层分区的供电范围。

供电线路设置：架空电力线路应根据地形、地貌特点和网络规划，沿道路、河渠和绿化带架设，路径宜短捷、顺直，并减少同道路、河流、铁路的交叉；设置35kV及以上高压架空电力线路应规划专用线路走廊，并不得穿越镇区、文物保护区、风景名胜区和危险品仓库等地段；镇区的中、低压架空电力线路应同杆架设，有条件的宜采用埋地敷设电缆；电力线路之间应减少交叉、跨越，并不得对弱电产生干扰；变电站出线宜将工业线路和农业线路分开设置。重要工程设施、医疗单位、用电大户和救灾中心应设专用线路供电，并应设置备用电源。

乡村供水工程大多由当地政府组织实施。以往乡村供水一般由乡镇人民政府通过财政投入、争取上级补助资金、招商引资、合作入股或个人投资等形式，在集镇建设集中供水设施，并向集镇和部分村庄供水。随着城乡一体化进程的加快，近年来一些地方大力推进城乡供水一体化管理，即由较大的供水公司获取城乡供水特许经营权后，统一规划建设城乡自来水厂及供水管网系统，将自来水供应向乡镇和村庄延伸。

乡村集中式供水主要应包括确定用水量、水质标准、水源及卫生防护、水质净化、给水设施、管网布置；用水量应包括生活、生产、消防、浇洒道路和绿化用水量，管网漏水量和未预见水量。生产用水量应包括工业用水量、农业服务设施用水量；管网漏失水量及未预见水量可按最高日用水量的15%～25%计算。

乡村分散式供水主要包括确定用水量、水质标准、水源及卫生防护、取水设施。

人均综合用水量指标：镇区150～350L/（人·日），镇区外120～260L/（人·日）；居住建筑生活用水量指标：镇区100～200L/（人·日），镇区外80～160L/（人·日）。

生活饮用水的水质应符合现行国家标准《生活饮用水卫生标准》GB 5749的有关规定。供水水源的选择应做到：水量充足，水质符合使用要求；便于水源卫生防护；生活饮用水、取水、净水、输配水设施应做到安全、经济和具备施工条件；选择地下水作为给水水源时，不得超量开采；选择地表水作为给水水源时，其枯水期的保证率不得低于90%；水资源匮乏的乡镇应设置天然降水的收集贮存设施。

供水管网系统的布置和干管的走向应与供水的主要流向一致，并应以最短距离向用户供水。供水干管最不利点的最小服务水头，单层建筑物可按10～15m计算，建筑物每增加一层应增压3m。

2022年4月，水利部、财政部、国家乡村振兴局联合印发了《关于支持巩固拓展农村供水脱贫攻坚成果的通知》。该通知指出：农村供水工程是农村重要的基础设施，涉及全部农村人口，是一项重大民生工程。党中央、国务院高度重视农村供水工作，经过多年推进，截至2021年年底，全国共建成农村供水工程827万处，农村自来水普及率达到84%，农村供水取得了突出成效。

该通知要求：守住农村供水安全底线；脱贫地区要用好涉农资金统筹整合政策，依法依规利用农村供水工程维修养护补助资金等水利发展资金，做好农村小型水源和供水工程维修养护工作；明确中央财政衔接推进乡村振兴补助资金用于支持补齐必要的农村供水基础设施短板；建立长效投入机制，强化农村供水工程建设和管理，提升农村供水保障水平，巩固拓展农村供水脱贫攻坚成果。

4.3 绿化环卫

美丽乡村建设离不开园林绿化及景观设施。

乡村绿化应根据地形地貌、现状绿化的特点和生态环境建设的要求，结合用地布局，统一安排公共绿地、防护绿地、各类用地中的附属绿地，以及集镇、村庄周围环境的绿化，形成绿地系统。

公共绿地包括集镇和村庄内的小公园、小游园、街区公共绿地，以及路旁、水旁宽度大于5m的绿带，公共绿地在建设用地中的比例一般为6% ～ 10%。

防护绿地应根据卫生和安全防护功能的要求，规划布置水源保护区防护绿地、工矿企业防护绿带、养殖业的卫生隔离带、铁路和公路防护绿带、高压电力线路走廊绿化和防风林带等。

公共绿地之外的各类用地中的附属绿地宜结合建筑、道路和其他设施布置的要求，采取多种绿地形式。对乡村生态环境质量、居民休闲生活、景观和生物多样性保护有影响的邻近地域，包括水源保护区、自然保护区、风景名胜区、文物保护区、观光农业区、垃圾填埋场地应统筹进行环境绿化规划。

在集镇和村庄内栽植树木花草应结合绿地功能选择适于本地生长的品种，并根据其根系、高度、生长特点等，确定与建筑物、工程设施以及地面上下管线间的栽植距离。

集镇和村庄中的景观设施，应充分运用地形地貌、山川河湖等自然条件，以及历史形成的物质基础和人文特征，结合现状建设条件和居民审美需求，创造优美、清新、自然、和谐、富有地方特色和时代特征的生活和工作环境，体现其协调性和整体性。应结合自然环境、传统风格、创造富于变化的空间布局，突出地方特色；与建筑物、构筑物、工程设施的群体和个体的形象、风格、比例、尺度、色彩等应相互协调；标志的设置应规范化；杆线和灯具、广告和标语、绿化和小品，应力求形式简洁、色彩和谐、易于识别。

随着乡村城市化进程的加快，乡村环境卫生工作越来越受到人们的重视，各地开展的“美丽乡村建设行动”中对村庄的整治和乡村环境卫生设施建设提出了新的要求。在乡村中普遍要求设置环卫设施，对生活垃圾推行“村庄收集、乡镇运输、县（市）处理”模式；在各集镇和村庄设立垃圾箱（池）、中转站、运输车辆，并配有专职或兼职环境卫生管理人员，打扫公共道路、广场、绿地、集贸市场等卫生，清理和运输垃圾，基本实现“日产日清”；农村“厕所革命”行动的开展，不仅推广普及水冲厕所进入各家各户，而且有条件的地方还建设了水冲式公厕；集镇和村庄内的卫生环境发生了较大的变化。

乡村环境卫生应符合现行国家标准《村镇规划卫生规范》GB 18055的有关规定。垃圾转运站宜设置在靠近服务区域的中心或垃圾产量集中和交通方便的地方，生活垃圾日产量可按每人1.0 ～ 1.2kg计算。镇区应设置垃圾收集容器（垃圾箱），每一收集容器（垃圾箱）的服务半径宜为50 ～ 80m；镇区垃圾应逐步实现分类收集、封闭运输、无害化处理和资源化利用。居民粪便的处理应符合现行国家标准《粪便无害化卫生要求》GB 7959的有关规定。镇区主要街道两侧、公共设施以及市场、公园和旅游景点等人群密集场所宜设置节水型公共厕所。镇区应设置环卫站，其规划占地面积可根据规划人口每万人0.10～0.15hm^{2}计算。

4.4 燃气供热

随着我国对外开放的深入和“西气东输”工程的实施，城乡生活燃气普及率大幅度提高，过去只有部分大城市才用得上的民用天然气近年来快速进入了部分集镇和村庄，优质的燃料和低廉的价格深受广大用户的欢迎。

在制定乡镇国土空间规划和开展乡村建设行动中，燃气事业发展被提上了议事日程，气源种类、供气方式、供气规模、供气范围、管网布置和供气设施成为乡村规划建设中的一项重要内容。

尽管供应天然气的范围已扩大到输气管网周边的集镇和村庄，但由于村庄居民住房的分散，在选择燃气气源时要因地制宜，合理选用天然气、人工煤气、液化石油气、农村沼气、农作物秸秆制气等，不能搞“一刀切”。

为确保安全，目前城乡液化石油气储配站大多建在农村，其选址必须符合现行国家标准《城镇燃气规划规范》GB/T 51098、《城镇燃气设计规范》GB 50028等，不应对乡村规划建设造成影响。

液化石油气供应基地按其功能可分为储存站、储配站和灌装站。其规模应依据供应用户类别、户数和用气量指标等因素确定。液化石油气供应基地的布局应符合规划的要求，且应远离城市居住区、村镇、学校、影剧院、体育馆等人员集聚的场所。站址宜选择在所在地区全年最小频率风向的上风侧，且应是地势平坦、开阔、不易积存液化石油气的地段。同时，应避开地震带、地基沉陷和废弃矿井等地段。

天然气、人工煤气输配系统一般由门站、燃气管网、储气设施、调压设施、管理设施、监控系统等组成。燃气输配系统设计应符合规划，在可行性研究的基础上，做到远、近期结合，以近期为主，并经技术经济比较后确定合理的方案。中压和低压燃气管道宜采用聚乙烯管、机械接口球墨铸铁管、钢管或钢骨架聚乙烯塑料复合管。地下燃气管道埋设的最小覆土厚度（路面至管顶）应符合以下要求：埋设在机动车道下时，不得小于0.9m；埋设在非机动车车道（含人行道）下时，不得小于0.6m；埋设在机动车不可能到达的地方时，不得小于0.3m；埋设在水田下时，不得小于0.8m。燃气调压器、燃气表、燃烧器具等，应根据使用燃气类别及其特性、安装条件、工作压力和用户要求等因素选择。燃气用具连接部位可采用软管连接，软管与家用燃具连接时，其长度不应超过2m，并不得有接口。软管与管道、燃具的连接处应采用压紧螺母（锁母）或管卡（喉箍）固定。在软管的上游与硬管的连接处应设阀门。橡胶软管不得穿墙、顶棚、地面、窗和门。居民生活用燃气灶、燃气热水器的安装应符合现行行业标准《家用燃气燃烧器具安装及验收规程》CJJ 12的规定。使用瓶装液化石油气的用户，其钢瓶应按国家有关规定定期到专业检测单位进行检测。

选用沼气或农作物秸秆制气应根据原料与产气量，确定供应范围，并应做好沼水、沼渣的综合利用。

燃气工程的设计、施工，应当由持有相应资质证书的设计、施工单位承担，并应当符合国家有关技术标准和规范。燃气工程施工实行工程质量监督制度。燃气工程竣工后，应当由建设主管部门组织有关部门验收；未经验收或者验收不合格的，不得投入使用。

燃气供应企业应当建立燃气用户档案，与用户签订供气用气合同，明确双方的权利和义务。燃气的气质和压力应当符合国家规定的标准。保证安全稳定供气，不得无故停止供气。燃气供应企业必须制定有关安全使用规则，宣传安全使用常识，对用户进行安全使用燃气的指导。

在我国北方冬季有供热传统的乡村，应按照国家有关标准做好供热工程的规划，并组织实施集中或分散式供热工程。

供热工程规划应根据供暖地区的经济和能源状况，充分考虑热能的综合利用，确定供热方式。能源消耗较多时可采用集中供热；一般地区可采用分散供热，并可预留集中供热的管线位置。日照充足的地区可采用太阳能供热；冬季需供暖、夏季需降温的地区根据水文地质条件可设置地源热泵系统。

随着人民生活水平的提高，北方地区乡村集中供热工程逐步得以实施，农村环境质量随之也逐步提高。

2017年9月，住房城乡建设部、国家发展改革委、财政部、国家能源局下发了《关于推进北方采暖地区城镇清洁供暖的指导意见》。指出：推进北方地区冬季清洁取暖是中央提出的一项重要战略部署，对保障人民群众温暖过冬，改善大气环境具有重要现实意义。经过多年发展，我国北方供暖地区城镇已基本形成以集中供暖为主，多种供暖方式为补充的格局，但还存在热源供给不足、清洁热源比重偏低、供暖能耗偏高等问题，不利于保障群众的供暖需求和减少污染物排放。为加快推进北方供地区城镇清洁供暖，提出以下意见：

基本要求：（1）规划引领。科学编制北方供暖地区城镇供热专项规划，制定规划目标，明确技术路线，完善保障措施，统筹安排热源、热网、热用户等各环节的规划内容，合理布局设施建设；（2）重点推进。重点地区推进“煤改气”“煤改电”及可再生能源供暖工作，减少散煤供暖，加快推进“禁煤区”建设。其他地区要进一步发展清洁燃煤集中供暖等多种清洁供暖方式，加快替代散烧煤供暖，提高清洁供暖水平；（3）因地制宜。各地区要根据经济发展水平、群众承受能力、资源能源状况等条件，科学选择清洁供暖方式，加快燃煤供暖清洁化，因地制宜推进天然气、电供暖，在可再生能源资源富集的地区，鼓励优先利用可再生能源等清洁能源，满足取暖需求；（4）企业为主。各地要加强对清洁供暖工作的引导和指导，加强统筹协调，制定完善支持政策。发挥企业主体作用，引入市场机制，鼓励和引导社会资本投资建设运营供暖设施。

重点工作：（1）编制专项规划。供热专项规划要包含清洁供暖专项内容，科学制定近远期发展目标和措施，选择适合当地的清洁供暖技术路线，合理规划热源、管网布局，建立供暖设施建设项目库，加快推进燃煤热源清洁化；（2）实施燃煤热源清洁化改造，逐步提高清洁热源比例；（3）因地制宜推进天然气和电供暖。宜气则气，宜电则电，避免重复建设；（4）大力发展可再生能源供暖。大力推进风能、太阳能、地热能、生物质能等可再生能源供暖项目，加快推进生物质成型燃料锅炉建设，为城镇社区和农村清洁供暖；（5）有效利用工业余热资源。挖掘工业余热的供暖潜力，大幅降低供暖成本；（6）全面取消散煤取暖。城乡接合部及城中村要结合旧城改造、棚户区改造以及老旧小区改造等工作全面取消散煤取暖，采用清洁热源供暖；（7）加快供暖老旧管网设施改造。降低供暖输配损耗，解决影响供暖安全、节能和节费方面的突出问题；（8）大力提高热用户端能效。进一步推进供热计量收费，严格执行供热计量相关规定和标准，做好供热计量设施建设、使用、收费等工作，促进热用户端节能降耗。

保障措施：（1）加强组织领导；（2）加大资金投入；（3）完善支持政策；（4）发挥市场机制作用；（5）加强监督检查，确保清洁供暖工作顺利推进。

4.5　邮电通信

乡村邮电通信包括电信、网络、邮政、广播、电视等，是现代农村的重要基础设施，其特点是由相关行业统一规划、建设和管理。

乡村邮政局（所）址的选择应利于邮件运输、方便用户使用。一般在乡镇政府所在地的集镇均设有邮政所（邮政储蓄银行），在较偏远的中心村设有邮政代办点。

电信工程规划应包括确定用户数量、局（所）位置、发展规模和管线布置。电信局（所）的选址宜设在环境安全和交通方便的地段；通信线路应根据发展状况确定，宜采用埋地管道敷设；电话用户预测应在现状基础上，结合当地的经济社会发展需求，确定电话用户普及率（部/百人）；电信线路应避开易受洪水淹没、河岸塌陷、土坡塌方以及有严重污染的地区，应便于架设、巡察和检修，宜设在电力线走向的道路另一侧；广播、电视、网络线路应与电信线路统筹规划。

为规范邮电通信工程的设计，工业和信息化部组织编制了《通信线路工程设计规范》YD 5102—2010、《邮电通信电源设备安装设计规范》YDJ 1—1989 等规范，强调邮电通信工程设计必须贯彻独立自主、自力更生、艰苦奋斗、勤俭建国的方针，坚持人民邮电方向，加速实现邮电通信现代化。设计应与邮电发展规划相适应，总体方案、设备容量等近期建设规模应与远期发展相结合；设计应做到切合实际、技术先进、经济合理、安全适用，应进行多方案技术经济比较，降低工程造价和维护成本。

由于乡村邮电通信设施与乡村建设密不可分，因此在编制乡镇国土空间规划和村镇规划时，应充分考虑邮电通信设施的规划建设，防止乡村道路的无序开挖、地面和地下管线布局混乱等现象的发生。

随着移动、联通、电信等移动通信的发展，网络通信已覆盖我国广大城乡，传统的农村广播、电视、通信、固定电话等已被数字传输技术所代替，乡村建设也应适应新形势、瞄准新目标。

4.6 公共设施

公共设施按其使用性质可分为行政管理、教育机构、文体科技、医疗保健、商业金融和集贸市场六类。

乡村公共设施具有以下特点：（1）综合性。由于其建设规模较小、性质相近且联系紧密，可以将其合并建设、综合使用，力求共建共享；（2）多功能性。由于集镇和村庄中的居住人口不多，部分公共建筑如行政管理、文体科技、医疗保健等可以进行多功能使用；（3）群众性。乡村公共设施主要服务于当地居民，在使用要求和使用特点上应体现“以人为本”的原则，要符合当地居民的生活习惯；（4）地方性。乡村公共设施应根据各地自然环境、经济社会发展水平和生活习俗等因素来确定其建筑风格，避免“千镇一面、千村一色”，缺乏地方特色；（5）经济性。乡村公共设施应在满足其使用功能的前提下，尽量充分利用地方材料，采用地方先进施工工艺，力争降低工程造价，经济适用。

乡镇政府办公场所、村（居）委会等行政管理设施宜选择在当地居民办事方便的地方，其建设标准必须符合国家有关规定且与当地经济社会发展水平相适应，以体现便民亲民的原则，不得借机大搞“楼堂馆所”；乡村教育机构的设置应符合当地义务教育发展规划，合理布点，设施适度超前，以体现“百年大计、教育为本”的原则；乡村文体科技设施应在政府的引导和帮助下、充分发挥社会资本的积极性，逐步进行配套完善，以满足人们对美好生活的基本需求；乡村医疗保健设施是“健康中国建设”的基本保障，按照《中共中央关于制定国民经济和社会发展第十四个五年规划和二〇三五年远景目标的建议》，我国的基层公共卫生体系必须进一步强化，除规划建设好乡镇中心卫生院外，村庄、社区医疗卫生服务设施也应进一步完善，敬老院、康复院等保健设施同步推进；乡村商业金融设施以“便民生、促发展”为原则，除传统商业金融外，要积极引导网络经济、快递业务等在乡村中加快发展；集贸设施应有利于人流和商品的集散，不得占用公路、主要干道、车站、码头、桥头等交通量大的地段，应考虑当地传统的集市贸易习惯安排好大集时临时或永久性场地，新建集贸市场应符合现行行业标准《乡镇集贸市场规划设计标准》CJJ/T 87的有关规定。

随着乡村道路网的形成和机动车数量的迅速增加，作为公共设施之一的停车场建设也已被列入乡村建设行动中。在编制乡镇国土空间规划时，应规划停车场的位置并留有发展余地；在乡村建设中，应配套建设公共停车场。

乡村公共建筑的内容已在本书第3章3.2进行了描述，在此不再重复。

第5章　建设管理

"三分建设、七分管理"，只有强化乡村建设管理工作，才能确保乡村规划的实施、乡村建设的有序进行、乡村基础设施发挥作用。乡村建设管理必须依法依规进行，充分发挥村民自治作用，专业管理队伍与兼职管理人员相结合。规章制度的完善、村规民约的制定、管理机构与人员的落实是加强乡村建设管理的基本要素；村庄整治、农村人居环境整治行动、美丽乡镇建设行动等是加强乡村建设管理的重要手段。

5.1　规划（土地）管理

在乡村规划建设管理过程中，规划与土地管理是其中一个最重要的环节。

乡镇国土空间规划和村镇规划编制完成后，能否严格按规划实施乡村中的各项建设活动是规划管理工作的基本职责。

《中华人民共和国城乡规划法》明确：任何单位和个人都应当遵守经依法批准并公布的城乡规划，服从规划管理；镇的建设和发展，应当结合农村经济社会发展和产业结构调整，优先安排供水、排水、供电、供气、道路、通信、广播电视等基础设施和学校、卫生院、文化站、幼儿园、福利院等公共服务设施的建设，为周边农村提供服务；乡、村庄的建设和发展，应当因地制宜、节约用地，发挥村民自治组织的作用，引导村民合理进行建设，改善农村生产、生活条件。在镇规划区内的建设项目，应依法办理《选址意见书》《建设用地规划许可证》和《建设工程规划许可证》；在乡、村庄规划区内进行乡镇企业、乡村公共设施和公益事业建设的，建设单位或者个人应当向乡、镇人民政府提出申请，核发《乡村建设规划许可证》；在乡、村庄规划区内使用原有宅基地进行农村村民住宅建设的规划管理办法，由省、自治区、直辖市制定。

《中华人民共和国土地管理法》规定：乡镇企业、乡（镇）村公共设施、公益事业、农村村民住宅等乡（镇）村建设，应当按照村庄和集镇规划，合理布局，综合开发，配套建设；建设用地，应当符合乡土地利用总体规划和土地利用年度计划，并依法办理审批手续。

2021年7月2日公布的《中华人民共和国土地管理法实施条例》，紧密结合国土空间规划，对乡村建设用地的管理作出了更加具体的规定。

（1）要求编制国土空间规划，强调国家建立国土空间规划体系，已经编制国土空间规划的，不再编制土地利用总体规划和城乡规划。（2）明确建设项目需要使用土地的，应当符合国土空间规划、土地利用年度计划和用途管制以及节约资源、保护生态环境的要求，并严格执行建设用地标准，优先使用存量建设用地，提高建设用地使用效率。（3）做好农用地转用，规定在国土空间规划确定的城市和村庄、集镇建设用地范围内，为实施该规划而将农用地转为建设用地的，由市、县人民政府组织自然资源等部门拟订农用地转用方案，分批次报有批准权的人民政府批准。建设项目批准、核准前或者备案前后，由自然资源主管部门对建设项目用地事项进行审查，提出建设项目用地预审意见。建设项目需要申请核发选址意见书的，应当合并办理建设项目用地预审与核发选址意见书。（4）规范宅基地管理，要求农村居民点布局和建设用地规模应当遵循节约集约、因地制宜的原则合理规划。乡（镇）、县、市国土空间规划和村庄规划应当统筹考虑农村村民生产、生活需求，突出节约集约用地导向，科学划定宅基地范围。规定农村村民申请宅基地的，应当以户为单位向农村集体经济组织提出申请；没有设立农村集体经济组织的，应当向所在的村民小组或者村民委员会提出申请。宅基地申请依法经农村村民集体讨论通过并在本集体范围内公示后，报乡（镇）人民政府审核批准。涉及占用农用地的，应当依法办理农用地转用审批手续。允许进城落户的农村村民依法自愿有偿退出宅基地，禁止违背农村村民意愿强制流转宅基地，禁止违法收回农村村民依法取得的宅基地，禁止以退出宅基地作为农村村民进城落户的条件，禁止强迫农村村民搬迁退出宅基地。（5）规范集体经营性建设用地管理，鼓励乡村重点产业和项目使用集体经营性建设用地。国土空间规划确定为工业、商业等经营性用途，且已依法办理土地所有权登记的集体经营性建设用地，土地所有权人可以通过出让、出租等方式交由单位或者个人在一定年限内有偿使用。土地所有权人拟出让、出租集体经营性建设用地的，市、县人民政府自然资源主管部门应当依据国土空间规划提出拟出让、出租的集体经营性建设用地的规划条件，明确土地界址、面积、用途和开发建设强度等。

根据《中华人民共和国城乡规划法》《中华人民共和国土地管理法》等相关法律法规，在乡村建设中规划和土地管理的基本程序为：

1. 在建制镇规划区内的建设项目

（1）建设单位或者个人向县级自然资源（规划）主管部门或乡（镇）人民政府提出申请；

（2）由乡（镇）人民政府初审，符合国土空间规划和建制镇规划的，报县级自然资源（规划）主管部门；

（3）由县级自然资源主管部门进行建设用地预审，核发建设项目用地预审意见与《选址意见书》；

（4）由县级自然资源（规划）主管部门提出建设用地规划条件，符合规划的，核发《建设用地规划许可证》；

（5）经县级以上自然资源主管部门批准，建设单位或个人依法取得该建设项目用地使用权；

（6）由县级自然资源（规划）主管部门审查，符合相关法律法规的，核发《建设工程规划许可证》；

（7）项目开工前，由县或乡（镇）自然资源（规划）主管部门派员现场放线、验槽；

（8）项目竣工后，由县级自然资源（规划）主管部门组织规划验收。

2. 乡镇企业、乡村公共设施和公益事业建设项目

（1）建设单位或者个人向乡（镇）人民政府提出申请；

（2）由乡（镇）人民政府初审，符合国土空间规划和村镇规划的，报县级自然资源（规划）主管部门；

（3）由县级自然资源主管部门进行建设用地预审，核发建设项目用地预审意见与《选址意见书》；

（4）由县级自然资源（规划）主管部门提出建设用地规划条件，建设单位或个人依法取得该建设用地使用权（包括国有土地和集体经营性建设用地）；

（5）由县级自然资源（规划）主管部门或乡（镇）人民政府审查，符合相关法律法规的，核发《乡村建设规划许可证》；

（6）项目开工前，由县或乡（镇）自然资源（规划）主管部门派员现场放线、验槽；

（7）项目竣工后，由县或乡（镇）自然资源（规划）主管部门组织规划验收。

3. 在集镇、村庄内的农村村民住房建设

（1）由村民向村级集体经济组织或者村民委员会提出建房申请，经村民会议讨论通过并在本集体范围内公示；

（2）需要使用耕地的，经乡（镇）人民政府审核、县级自然资源主管部门审查，符合国土空间规划和村镇规划的，核发选址意见书；经县级人民政府批准，取得建房用地；

（3）使用原有宅基地、村内空闲地和其他土地的，由乡（镇）人民政府根据国土空间规划和村镇规划批准；

（4）由乡（镇）人民政府核发《乡村建设规划许可证》；

（5）由乡（镇）自然资源（规划）部门派员查验宅基地，并督促其按规划建房。

5.2　房屋建设管理

乡村房屋建设包括乡镇企业、乡村公共设施、公益事业所属建筑和村民住房。

在完成规划和用地审批手续后，乡镇企业、乡村公共设施和公益事业建筑，应委托勘察设计单位对建设地点进行勘察、对房屋建筑进行设计。

地质勘察是新建厂房等大中型建筑的重要基础工作，通过科学的勘察，能及时掌握建设地点的地质构造情况，避免地基的不均匀沉降和地质灾害的发生，为建（构）筑物的设计提供翔实的地下基础资料。建筑设计是根据拟建建筑物的规模、性质和用途，按照国家有关标准、规范和强制性条文，进行建筑物的整体、单体、平面、立面、剖面及局部设计，为建筑物的施工和运行管理提供设计依据。

乡镇企业的厂房、乡村公共设施、公益事业项目，应委托具有相应资质的勘察设计单位进行勘察设计，设计图纸应送有关部门或审图机构审查，并完成工程概（预）算，需要招标的项目应按相关法律法规组织招标投标，限额以上工程应按《中华人民共和国建筑法》有关规定向当地县级以上建设主管部门申请领取《施工许可证》。

为加强建设工程质量（安全）管理，根据《建设工程质量管理条例》《建设工程安全生产管理条例》的有关规定，乡镇企业的厂房、乡村公共设施、公益事业项目在建设过程中，应委托有关部门进行工程质量（安全）监督，并推行工程监理制。工程竣工后，建设单位应组织住建、规划、勘察、设计、监理、质量（安全）监督等有关部门的人员进行验收，经验收合格后方可交付使用。相关工程建设档案资料应及时整理归档，送当地档案馆长期保存。

目前对村民住房建设的管理属于政府指导性工作，即由建设主管部门组织设计人员编制《农村住房通用设计图集》，分发到各乡镇供建房户选用；在建房过程中指导其注重施工质量与安全；竣工后帮助建房户对房屋质量进行验收。

对村民住房建设管理的基本要求：（1）建房选址必须符合乡村规划，且不应破坏村庄原有的乡村聚落空间体系，必须在经乡镇政府批准的建设用地或宅基地上建房，避开可能发生滑坡、崩塌、地陷、地裂、泥石流等危险地段或采空沉陷区、洪水主流区、山洪易发地段建房；（2）房屋的布局应根据不同住户情况和农房类型集中布置，宜以联排、毗邻形式为主，布局应根据地貌条件因地制宜；（3）农房设计建筑层数以 1 ～ 3 层为宜，农房朝向结合地形地貌合理选择，宜采用南北朝向或接近南北朝向；（4）农房建造可选择小型施工企业，也可以委托具有相应技能、培训合格的乡村建筑工匠施工，建房户与施工企业或者乡村建筑工匠应签订施工合同，明确双方的权利、义务，约定住房保修期限和保修责任；（5）对于集中统建的农房项目应纳入建筑工程质量安全监督管理范围并接受住房城乡建设部门的指导，其他单栋农房，由乡镇政府组织验收，验收方法包括现场检查，问询施工方、建房户及乡镇监管人员，查阅施工过程的记录、证明材料，核查材料来源、购买渠道等。经验收合格的农房方可交付使用。

2022年4月29日12时24分，湖南省长沙市望城区金山桥街道金坪社区一居民自建房发生倒塌事故，造成53人遇难、10人获救的严重后果。

事故发生后，党中央、国务院高度重视。习近平总书记作出重要指示，李克强总理作出批示，国务院安全生产委员会召开全国自建房安全专项整治电视电话会议进行了具体安排。国务院办公厅印发了《全国自建房安全专项整治工作方案》，要求依法依规彻查自建房安全隐患。组织开展“百日行动”，对危及公共安全的经营性自建房快查快改、立查立改，及时消除各类安全风险，坚决遏制重特大事故发生。明确3层及以上城乡新建房屋，以及经营性自建房必须依法依规经过专业设计和专业施工，严格执行房屋质量安全强制性标准。加强部门联动，加大对违法建设和违法违规审批房屋的清查力度，依法严厉查处未取得土地、规划和建设等手续，以及擅自改建加层、非法开挖地下空间等行为，对严重危及公共安全且拒不整改构成犯罪的，依法追究刑事责任。加强房屋安全管理队伍建设，进一步明确和强化市、县有关部门房屋安全管理职责，充实基层监管力量。依托乡镇自然资源、农业综合服务、村镇建设等机构，统筹加强自建房质量安全监管。加快建立健全农村房屋建设管理和城镇房屋安全管理相关法规，加强地方性法规建设，完善城乡房屋安全管理制度体系。

房屋建设管理，人命关天。这起长沙居民自建房倒塌事故，损失惨重，教训极其深刻，必须警钟长鸣！

5.3　基础设施管理

乡村基础设施的管理采取条块相结合的方式。公路、供电、邮电、通信、燃气、供热等一般由县级以上专业公司管理；供水部分地方实行城乡一体化管理，部分地方仍由乡镇管理；村镇道路、绿化、环卫等设施一般由乡镇管理。

在乡镇政府所在地的集镇，大多建有集中供水设施，由当地供水公司或水厂来承担供水管理工作，并逐步向集中连片的村庄推进。乡村供水管理服务要点：（1）要确保供水水质符合现行国家标准《生活饮用水卫生标准》GB 5749；（2）要有效保障不间断正常供水，如遇停电、水管爆裂等特殊情况应尽快通知用水户，并尽可能采取应急补救措施；（3）要在注重社会效益的同时，通过节能降耗等措施降低成本、提高经济效益；（4）要建立健全规章制度，搞好优质服务，提高用户满意度。

村镇道路（含排水）、绿化、环卫、路灯等设施的管理一般由乡镇政府组织实施，成立一家或若干家管理机构，配备相应的管理人员，建立健全相关管理规章制度，搞好日常维护保养，保障乡村基础设施的正常运行。

村镇环境卫生管理是基础设施管理中的一曲“重头戏”。环境卫生涉及千家万户，工作难度大，投入的人力、物力、财力较多，管理的环节也较多。其内容包括村容镇貌的管理、生产生活垃圾管理、公共厕所管理、村镇道路的清扫、绿化管理、排水及污水处理设施的管理、路灯照明管理等，“麻雀虽小，五脏俱全”。《村庄和集镇规划建设管理条例》指出：“任何单位和个人都应当维护村容镇貌和环境卫生，妥善处理粪堆、垃圾堆、柴草堆，养护树木花草，美化环境。”

对村容镇貌的管理，必须建立村规民约，以村民自治为主要形式管理好村庄和集镇；对生产生活垃圾的管理，应实行专业队伍与村民结合的方式，专业队伍负责垃圾的清扫与清运，村民负责自产垃圾的分类与集中堆放；公厕及绿化的管理可实行由村民承包的方式，以降低费用。一方面要落实必要的管理费用，可通过财政补贴、乡（镇）、村级集体经济组织出资以及适当收取居民卫生费等措施来解决；另一方面要建立必要的管理制度，落实相关责任，做好日常检查与考核。要通过宣传教育逐步提高居民的环卫意识，自觉维护公共卫生。目前一些地方将城市管理机构向乡镇延伸，在乡镇设立专职的城管中队，在中心村配备兼职城管人员，加强了对村容镇貌的管理，效果比较明显。

5.4　村庄整治

村庄整治是建设社会主义新农村的基础性工作。

村庄整治工作始于2005年，党的十六届五中全会作出建设社会主义新农村的决定后，全国各地迅速掀起新农村建设热潮。2005年11月10～12日，建设部在江西召开全国村庄整治工作会议，总结推广江西等省的经验，指导推动面上工作。时任建设部部长汪光焘、副部长仇保兴，时任江西省省长黄智权、副省长危朝安等领导出席会议并讲话。会议组织参观了江西省南昌市经济技术开发区蛟桥镇下罗村、进贤县李渡镇北田村，宜春市高安市八景镇蔡家村，吉安市青原区文陂乡美陂村，赣州市兴国县高兴镇长迳村、江背镇华坪村，赣县南塘镇石院村、吉埠镇枧田村等村庄整治示范点。江西省建设厅在会上作了《有序推进村庄整治、全面加强村镇建设》的发言。

江西推进村庄整治工作的主要做法：（1）以规划为先导，强化村庄规划的调控作用。要求2006年底基本完成所有县（市）的县（市）域城镇体系规划的编制，村庄规划编制率不低于60%，全省基本形成县（市）、镇（乡）、村三级规划控制体系，为村庄整治和新农村建设提供规划保障。制定了《江西省村庄建设规划导则》，与省国土资源厅联合下发了《关于严格执行村镇规划、切实加强全省农村建房管理的通知》，要求严格按规划组织农房建设；（2）以村民为主体，确立农民在村庄整治中的自治地位。在推进村庄整治过程中，让农民充分享有规划参与权、整治决策权、经费知情权、自我管理权，发挥“五老会”作用（由老干部、老党员、老模范、老教师、老军人组成的村民理事会），“五老会”起到了农民意愿“代言人”、政府主张“传递人”和矛盾纠纷“调停人”的积极作用；（3）以功能为基础，努力改善农村人居环境。抓好“三清三改”（清垃圾、清淤泥、清路障，改水、改厕、改路），突出四个方面的整治（治乱、治脏、治路、治水），各地按照“水清、河畅、岸绿、景美”的要求，对村内外进行综合整治，疏浚河道、清除塘泥、截污治污、种树种草，使农村环境大为改观；（4）以质量为生命，切实加强村庄整治和建设管理。重点抓健全村镇建设管理队伍、落实村镇建设质量安全责任、建立和完善质量保障体系等项工作，村镇建设特别是村庄房屋建设的质量安全工作明显加强；（5）以生态为灵魂，保护和挖掘地方历史文化和自然遗存。力求做到“一个保留、两个坚持、三个不”：即保留农村的历史文脉，坚持人与自然和谐、坚持不搞千篇一律，不推山、不填塘、不砍树；（6）以典型为示范，全面推进村庄整治和村镇建设。在全省范围内开展“十、百、千村镇规划建设活动”（即省、市、县三级建设部门分别抓好10个示范镇、100个示范村和1000个重点村的规划建设工作），及时发现和总结各地在新农村建设中的先进典型，总结经验，并抓好宣传推广工作。

2008年，国家标准《村庄整治技术规范》GB 50445—2008发布实施。2019年该标准修订为《村庄整治技术标准》GB/T 50445—2019。该标准共分总则、术语、安全与防灾、道路桥梁及交通安全设施、给水设施、排水设施、垃圾收集与处理、卫生厕所改造、公共环境、村庄绿化、坑塘河道、村庄建筑、历史文化遗产保护与乡土特色传承、能源供应14方面内容，全面规范了村庄整治的具体内容和相关技术标准。

该标准明确：村庄整治应充分利用现有房屋、设施及自然和人工环境、通过政府帮扶农民自主参与相结合的形式，分期分批整治改造农民最急需、最基本的设施和相关项目，以低成本投入、低资源消耗的方式改善农村人居环境，防止大拆大建、破坏历史风貌和资源。村庄整治应因地制宜、量力而行、循序渐进、分期分批进行，并应充分传承当地历史文化传统，防止违背群众意愿，搞突击运动。村庄整治应符合有关规划要求，当村庄规模较大，需整治项目较多、情况复杂时，应编制村庄整治规划作为指导。村庄整治应综合考虑火灾、洪灾、震灾、风灾、地质灾害、雷击、雪灾和冻融等灾害影响，贯彻预防为主，防、抗、避、救相结合的方针，坚持灾害综合防御、群防群治的原则，综合整治、平灾结合，保障村庄可持续发展和村民生命安全。村庄给水设施整治应充分利用现有条件，改造完善现有设施，保障饮水安全；给水方式分为集中式和分散式两类。村庄垃圾应及时收集、清运，保持村庄整洁；村庄生活垃圾宜就地分类回收利用，减少集中处理垃圾量。村庄整治应实现粪便无害化处理，预防疾病，保障村民身体健康，防止粪便污染环境。村庄排水设施整治包括确定排放标准、整治排水收集系统和污水处理设施；排水量包括污水量和雨水量，污水量包括生活污水量及生产污水量；有条件的村庄，应联村或单村建设污水处理站。道路桥梁及交通安全设施整治应利用现有条件和资源，通过整治，恢复或者改善道路的交通功能，并使道路布局科学合理。村庄公共环境整治应遵循适用、经济、安全和环保的原则，恢复和改善村庄公共服务功能，美化自然与人工环境，保护村庄历史文化风貌，并结合地域、气候、民族、风俗营造村庄个性。坑塘河道应保障使用功能，满足村庄生产、生活及防灾需要；严禁采用填埋方式废弃、占用坑塘河道；坑塘使用功能包括旱涝调节、渔业养殖、农作物种植、消防水源、杂用水、水景观及污水净化等，河道使用功能包括排涝、取水和水景观等。村庄整治中应严格、科学保护历史文化遗产和乡土特色，延续与弘扬优秀的历史文化传统和农村特色、地域特色、民族特色；对于国家历史文化名村和各级文物保护单位，应按照相关法律法规的规定划定保护范围，严格进行保护。村庄生活应节约能源，保护生态环境，开发利用可再生能源；新建房屋应采取节能措施，宜采用保温技术与材料、被动式太阳房技术；有条件地区的村庄应逐步对既有房屋实施节能改造。

村庄整治也是目前开展的农村人居环境整治提升行动的一项重要内容。2021年12月，中共中央办公厅、国务院办公厅印发的《农村人居环境整治提升五年行动方案（2021—2025年）》明确："大力推进村庄整治和庭院整治，不搞千村一面，不搞大拆大建，加强传统村落和历史文化名村名镇保护。"各地通过实施大规模的村庄整治，使村庄山更青了，水更秀了，交通更方便了，居住更舒适了，环境更美了，得到了基层广大人民群众的拥护，使村庄建设取得了实实在在的效果。

5.5 防灾减灾

防灾减灾是乡村建设行动中的一项重要内容。根据灾害发生的原因可分为自然灾害和人为灾害。自然灾害对人类活动造成的破坏是难以避免的，但在掌握大自然的客观规律后、采取防灾减灾措施可以最大限度地减少财产损失和人员伤亡，将受损降至最低程度。

火灾除极个别由火山喷发而引起的外大多属人为灾害，且发生的频率较高，尤其是老旧村庄大量的木结构房屋加上蜘蛛网般的电线，极易引发火灾。对火灾事故的预防应贯彻"预防为主、安全第一"的方针，从规划、设计、施工到使用全过程绷紧消防安全这根"弦"，严格按《建筑设计防火规范（2016年版）》GB 50016—2014等国家标准进行。要结合村庄整治排除火灾隐患，增强居民的消防意识，按规定建设村镇消防站，配备专职或兼职人员和必要的灭火器材，加强巡回检查。一旦发生火灾应立即组织灭火与抢救，将损失减小到最低限度。

洪涝灾害虽属自然灾害但受到诸多人为因素的影响，人们在改造自然的过程中对生态环境的破坏也会引发洪涝灾害的发生。洪涝灾害的防治应与当地江河流域、农田水利建设、水土保持、绿化造林等相结合，统一整治河道，修建堤坝、滞洪区等防洪措施，同时整治村镇排水设施体系，确保村镇区域内能够迅速排涝。在村镇防洪中，应设置洪灾救援系统，包括医疗救护、物资储备和报警装置等设施。

地震灾害属于自然灾害，应根据《中国地震动参数区划图》GB 18306—2015，确定抗震设防区及设防等级。在村镇新建建筑物、构筑物和工程设施，应按现行国家标准《建筑工程抗震设防分类标准》GB 50223 的有关规定设防；应组织对村镇现有建筑物、构筑物和工程设施进行鉴定，对不符合抗震要求的工程进行改造或加固，无加固价值的应进行拆除或翻建。有条件的村镇应设置抗震设防指挥机构并设置必要的疏散场所。

风灾同样属于自然灾害。对于易受风灾的地区，村镇建设用地选址应避开风口、风沙面袭击和袋形谷地等易受灾害地段，建筑物宜成组成片布置，在村镇的迎风方向栽种紧密型的防护林；易受台风袭击的村镇，宜修建抵御风暴潮冲击的防浪堤坎。

雷击也属于一种自然灾害。在我国南方的广大农村，由于雨水较多，雷击现象比较频繁。为减少和避免雷击带来的生命财产损失，乡村新建建筑应按现行国家标准《建筑物防雷设计规范》GB 50057 等规范的有关规定进行防雷设计、施工与验收，对易受雷击地区的老旧建筑宜进行防雷技术改造，同时应宣传普及防雷常识。

5.6　脱贫攻坚

2021 年 2 月 5 日，在全国脱贫攻坚总结表彰大会上，习近平总书记庄严宣告：经过全党全国各族人民共同努力，在迎来中国共产党成立一百周年的重要时刻，我国脱贫攻坚战取得了全面胜利，现行标准下9899万农村贫困人口全部脱贫，832个贫困县全部摘帽，12.8万个贫困村全部出列，区域性整体贫困得到解决，完成了消除绝对贫困的艰巨任务，创造了又一个彪炳史册的人间奇迹！

贫困是人类社会的顽疾。中华人民共和国成立后，中国共产党团结带领人民推进社会主义建设，自力更生、发愤图强、重整山河，为摆脱贫困、改善人民生活打下了坚实基础。改革开放以来，中国共产党团结带领人民实施了大规模、有计划、有组织的扶贫开发，着力解放和发展社会生产力，着力保障和改善民生，取得了前所未有的伟大成就。

党的十八大以来，党中央鲜明提出，全面建成小康社会最艰巨最繁重的任务在农村特别是在贫困地区，没有农村的小康特别是没有贫困地区的小康，就没有全面建成小康社会，必须时不我待抓好脱贫攻坚工作。2012年年底，党中央承诺“决不能落下一个贫困地区、一个贫困群众”，拉开了新时代脱贫攻坚的序幕。后又提出精准扶贫理念，实行扶持对象、项目安排、资金使用、措施到户、因村派人、脱贫成效“六个精准”，实行发展生产、易地搬迁、生态补偿、发展教育、社会保障兜底“五个一批”，发出了打赢脱贫攻坚战的总攻令。

党的十九大把精准脱贫作为三大攻坚战之一进行全面部署，锚定全面建成小康社会目标，聚力攻克深度贫困堡垒，决战决胜脱贫攻坚。2020年，为有力应对新冠肺炎疫情带来的影响，党中央要求全党全国以更大的决心、更强的力度，打好收官战，信心百倍向着脱贫攻坚的最后胜利进军。

为打赢脱贫攻坚战，全国累计选派25.5万个驻村工作队、300多万名第一书记和驻村干部，同近200万名乡镇干部和数百万村干部一道奋战在扶贫一线。中央、省、市县财政专项扶贫资金累计投入近1.6万亿元，其中中央财政累计投入6601亿元，土地增减挂指标跨省域调剂和省域内流转资金4400多亿元，扶贫小额信贷累计发放7100多亿元，扶贫再贷款累计发放6688亿元，金融精准扶贫贷款发放9.2万亿元。真金白银的投入，提供了强大资金保障。

脱贫攻坚使贫困地区发展步伐显著加快，经济实力不断增强，基础设施建设突飞猛进，社会事业长足进步，行路难、吃水难、用电难、通信难、上学难、就医难等问题得到历史性解决。具备条件的乡镇和建制村全部通硬化路、通客车、通邮路。新改建农村公路110万km，贫困地区农网供电可靠率达到99%，大电网覆盖范围内贫困村通动力电比例达到100%，贫困村通光纤和4G比例均超过98%。790万户、2568万贫困群众的危房得到改造，累计建成集中安置区3.5万个、安置住房266万套，960多万人"挪穷窝"，摆脱了闭塞和落后，搬入了新家园。许多乡亲告别苦咸水、喝上了清洁水，告别四面漏风的泥草屋、住上了宽敞明亮的砖瓦房，脱贫群众精神风貌焕然一新。

脱贫攻坚战的全面胜利，标志着中国共产党在团结带领人民创造美好生活、实现共同富裕的道路上迈出了坚实的一大步。同时，脱贫摘帽不是终点，而是新生活、新奋斗的起点。解决发展不平衡不充分问题、缩小城乡区域发展差距、实现人的全面发展和全体人民共同富裕仍然任重道远。要切实做好巩固拓展脱贫攻坚成果同乡村振兴有效衔接各项工作，让脱贫基础更加稳固、成效更可持续。

乡村振兴是实现中华民族伟大复兴的一项重大任务。要围绕立足新发展阶段、贯彻新发展理念、构建新发展格局带来的新形势、提出的新要求，坚持把解决好"三农"问题作为全党工作重中之重，坚持农业农村优先发展，走中国特色社会主义乡村振兴道路，持续缩小城乡区域发展差距，让低收入人口和欠发达地区共享发展成果，在现代化进程中不掉队、赶上来。全面实施乡村振兴战略的深度、广度、难度都不亚于脱贫攻坚，要完善政策体系、工作体系、制度体系，以更有力的举措、汇聚更强大的力量，加快农业农村现代化步伐，促进农业高质高效、乡村宜居宜业、农民富裕富足。

巩固拓展脱贫攻坚成果，必须与乡村建设行动相结合，必须坚持因地制宜、精准施策，以美丽乡村建设催生“美丽经济”。要立足既有条件，统筹考虑各乡村的地理位置、基础条件、文化特色、产业发展等因素，精心打造一村一品、一村一景、一村一韵。保持干净整洁的村貌，仅是美丽乡村的起点；守护浸润乡愁的村韵，方能避免“千村一面”；提升人的素质，才是真正开启金山银山的“金钥匙”。建设好生态宜居的美丽乡村，让广大农民在乡村振兴中有更多获得感、幸福感。稳步推进乡村建设，既能进一步提升农村环境质量，让脱贫人口更好地安居乐业，又能为推动乡村振兴的纵深发展积蓄新力量，为农村生态文明建设实现质的提升创造新条件。

推进乡村建设，依旧需从“统筹”和“衔接”两个层面发力。“统筹”是对乡村建设的全面把握，把乡村建设放在脱贫攻坚和乡村振兴的两个总体框架下去考虑，以科学、环保的理念推进城镇化布局和产业布局，实现均衡发展。在原先满足农民群众基本生活需求的基础上，配合乡村振兴的发展需要，将基础设施建设在覆盖面上逐步扩大，在功能功效上有序升级。遵循乡村建设规律和实际情况，着眼长远谋定而后动，因村制宜、从容建设美丽乡村。而“衔接”更注重找到乡村建设各个环节间的内在联系，理顺发展的逻辑关系，结合实际情况，聚焦脱贫攻坚和乡村振兴进程中的阶段任务，找准突破口，排出优先次序。

做好脱贫攻坚与乡村振兴统筹衔接，产业发展是基础，人才建设是动能，乡村建设是支撑，乡村治理是保障。要持续推进乡村治理体系和治理能力现代化，夯实乡村振兴基层基础，为实现农业农村现代化目标、贯彻新发展理念、解放和发展农村生产力提供组织保障，确保让农村既充满活力又和谐有序。

5.7　农村人居环境整治行动

根据2018年中央一号文件精神，各地认真开展了农村人居环境整治三年行动，逐步扭转农村长期以来存在的脏乱差局面，村庄环境基本实现干净整洁有序，农民群众环境卫生观念发生可喜变化、生活质量普遍提高，为全面建成小康社会提供了有力支撑。但是，我国农村人居环境总体质量水平不高，还存在区域发展不平衡、基本生活设施不完善、管护机制不健全等问题，与农业农村现代化要求和农民群众对美好生活的向往还有差距。

2021年12月，中共中央办公厅、国务院办公厅印发了《农村人居环境整治提升五年行动方案（2021—2025年）》，指出：改善农村人居环境，是以习近平同志为核心的党中央从战略和全局高度作出的重大决策部署，是实施乡村振兴战略的重点任务，事关广大农民根本福祉，事关农民群众健康，事关美丽中国建设。

《农村人居环境整治提升五年行动方案（2021—2025年）》明确，实施农村人居环境整治提升五年行动的指导思想是：以习近平新时代中国特色社会主义思想为指导，深入贯彻党的十九大和十九届二中、三中、四中、五中、六中全会精神，坚持以人民为中心的发展思想，践行绿水青山就是金山银山的理念，深入学习推广浙江“千村示范、万村整治”工程经验，以农村厕所革命、生活污水垃圾治理、村容村貌提升为重点，巩固拓展农村人居环境整治三年行动成果，全面提升农村人居环境质量，为全面推进乡村振兴、加快农业农村现代化、建设美丽中国提供有力支撑。因此，必须坚持因地制宜、突出分类施策，坚持规划先行、突出统筹推进，坚持立足农村、突出乡土特色，坚持问需于民、突出农民主体，坚持持续推进、突出健全机制的原则。

农村人居环境整治提升五年行动的目标是：到2025年，农村人居环境显著改善，生态宜居美丽乡村建设取得新进步。农村卫生厕所普及率稳步提高，厕所粪污基本得到有效处理；农村生活污水治理率不断提升，乱倒乱排得到管控；农村生活垃圾无害化处理水平明显提升，有条件的村庄实现生活垃圾分类、源头减量；农村人居环境治理水平显著提升，长效管护机制基本建立。

《农村人居环境整治提升五年行动方案（2021—2025年）》要求：（1）扎实推进农村厕所革命，逐步普及农村卫生厕所，重点推动中西部地区农村户厕改造，切实提高改厕质量，加强厕所粪污无害化处理与资源化利用；（2）加快推进农村生活污水治理，分区分类推进治理，优先治理京津冀、长江经济带、粤港澳大湾区、黄河流域及水质需改善控制单元等区域，重点整治水源保护区和城乡接合部、乡镇政府驻地、中心村、旅游风景区等人口居住集中区域农村生活污水，加强农村黑臭水体治理；（3）全面提升农村生活垃圾治理水平，健全生活垃圾收运处置体系，因地制宜采用小型化、分散化的无害化处理方式，推进农村生活垃圾分类减量与利用，积极探索农村建筑垃圾等就地就近消纳方式，鼓励用于村内道路、入户路、景观等建设；（4）推动村容村貌整体提升，改善村庄公共环境，全面清理私搭乱建、乱堆乱放，整治残垣断壁，通过集约利用村庄内部闲置土地等方式扩大村庄公共空间，推进乡村绿化美化，突出保护乡村山体田园、河湖湿地、原生植被、古树名木等，因地制宜开展荒山荒地荒滩绿化，加强农田（牧场）防护林建设和修复，加强乡村风貌引导，大力推进村庄整治和庭院整治，不搞千村一面，不搞大拆大建，加强传统村落和历史文化名村名镇保护；（5）建立健全长效管护机制，持续开展村庄清洁行动，大力实施以“三清一改”（清理农村生活垃圾、清理村内塘沟、清理畜禽养殖粪污等农业生产废弃物，改变影响农村人居环境的不良习惯）为重点的村庄清洁行动，健全农村人居环境长效管护机制，合理设置农村人居环境整治管护队伍，逐步建立农户合理付费、村级组织统筹、政府适当补助的运行管护经费保障制度；（6）充分发挥农民主体作用，强化基层组织作用，充分发挥农村基层党组织领导作用和党员先锋模范作用，引导村集体经济组织、农民合作社、村民等全程参与农村人居环境相关规划、建设、运营和管理，普及文明健康理念，发挥爱国卫生运动群众动员优势，加大健康宣传教育力度，倡导文明健康、绿色环保的生活方式，提高农民健康素养，大力推进健康村镇建设，完善村规民约，深入开展美丽庭院评选、环境卫生红黑榜、积分兑换等活动，提高村民维护村庄环境卫生的主人翁意识；（7）加大政策支持力度，加强财政投入保障，通过政府和社会资本合作等模式，调动社会力量积极参与投资收益较好、市场化程度较高的农村人居环境基础设施建设和运行管护项目，创新完善相关支持政策，做好与农村宅基地改革试点、农村乱占耕地建房专项整治等政策衔接，落实农村人居环境相关设施建设用地、用水用电保障和税收减免等政策，推进制度规章与标准体系建设，加强科技和人才支撑；（8）强化组织保障，把改善农村人居环境作为各级党委和政府的重要职责，结合乡村振兴整体工作部署，明确时间表、路线图，加强分类指导，优化村庄布局，强化规划引领，完善推进机制，营造良好舆论氛围，总结宣传一批农村人居环境改善的经验做法和典型范例，深入开展宣传报道。

《农村人居环境整治提升五年行动方案（2021—2025年）》还要求强化考核激励，将改善农村人居环境纳入相关督查检查计划，检查结果向党中央、国务院报告，对改善农村人居环境成效明显的地方持续实施督查激励。将改善农村人居环境作为各省（自治区、直辖市）实施乡村振兴战略实绩考核的重要内容。继续将农业农村污染治理存在的突出问题列入中央生态环境保护督察范畴，强化农业农村污染治理突出问题监督。各省（自治区、直辖市）要加强督促检查，并制定验收标准和办法，到2025年年底以县为单位进行检查验收，检查结果与相关支持政策直接挂钩。完善社会监督机制，广泛接受社会监督。

按照中央的部署，各省（自治区、直辖市）均已制定农村人居环境整治提升五年行动实施方案，并认真组织实施。

2022年4月，中共江西省委办公厅、江西省人民政府办公厅印发了《江西省农村人居环境整治提升五年行动实施方案》，明确：改善农村人居环境，是以习近平同志为核心的党中央从战略和全局高度作出的重大决策部署，是实施乡村振兴战略的重点任务。要求到2025年，全省农村人居环境显著改善，村庄基础设施逐步优化，村容村貌全面提升。农村生活污水治理率达到30%以上，乱倒乱排得到管控；农村卫生厕所普及率进一步提高，厕所粪污基本得到有效处理；农村生活垃圾无害化处理水平明显提升，有条件的乡镇、村庄实现生活垃圾分类、源头减量；农村人居环境治理水平显著提升，长效管护机制有效建立。该方案还就扎实推进农村生活污水治理、稳步推进农村厕所革命、全面推进农村生活垃圾治理、整体提升美丽乡村建设水平、强化村庄环境长效管护、发挥农民主体作用、加强政策支持、加强组织保障8个方面作出了明确规定。强调要把改善农村人居环境作为实施乡村振兴战略实绩考核的重要内容，制定完善考核验收标准和办法，到2025年年底以县为单位进行检查验收，检查结果与相关支持政策直接挂钩；建立完善群众广泛参与监督农村人居环境的长效机制，对改善农村人居环境成效明显的地方进行通报表扬。

相信通过不懈努力，到2025年，我国农村人居环境将会得到显著改善，一大批生态宜居美丽乡村将会展现在世人面前。

5.8 美丽乡镇建设五年行动

党的十九大明确提出“建设美丽中国”，美丽乡镇建设是美丽中国的重要组成部分，也是乡村振兴的一项重要内容。近年来，国家制定了《美丽乡村建设指南》GB/T 32000—2015，部分省相继组织开展了美丽乡村建设行动。江西省对此十分重视，2021年6月，江西省人民政府办公厅印发了《江西省开展美丽乡镇建设五年行动方案》。

《江西省开展美丽乡镇建设五年行动方案》指出：乡镇是统筹城乡发展、推进乡村振兴的桥梁和纽带，在经济社会发展中发挥着基础性作用。近年来，全省乡镇建设发展取得长足进步，建成一批特色镇、示范镇，但乡镇建设发展明显滞后于城市和农村。为深入贯彻落实省委、省政府高标准打造美丽中国“江西样板”的部署要求，持续推进城乡环境综合整治，巩固整治成果，打造城乡环境综合整治升级版，助力乡村振兴，建设美丽乡镇，制定本方案。

《江西省开展美丽乡镇建设五年行动方案》明确，美丽乡镇建设的总体要求是：以习近平新时代中国特色社会主义思想为指导，坚持以人民为中心的发展思想，聚焦“作示范、勇争先”目标定位，以习近平生态文明思想引领美丽乡镇建设。通过五年努力，全面改善乡镇环境，提高乡镇服务农民的功能，着力解决环境脏乱差、功能设施滞后、特色缺失、管理薄弱等问题，让乡镇成为人们向往的宜居幸福家园，努力建设一批功能完善、环境优美、宜居宜业、特色鲜明的精品乡镇，让居民“望得见山、看得见水、记得住乡愁”，助推乡村振兴和江西高质量跨越式发展。其基本原则为：以人为本，尊重民意；因地制宜，分类施策；量力而行，循序渐进；持续推进，标本兼治。

美丽乡镇建设五年行动工作目标为：以全省乡镇（不含城关镇，下同）为对象，以乡镇政府驻地为重点，兼顾周边村庄，将农林垦殖场、不在城区的工矿区纳入乡镇建设发展统筹考虑、同步推进。实施以“一深化三提升”为主要内容的美丽乡镇建设行动，力争用5年左右的时间实现乡镇镇区功能与品质“年年有变化，三年大变样，五年创特色”。原则上每个县2025年建成2个以上示范类乡镇；全域旅游县辖区内原则上所有乡镇均按提升类以上标准建设，示范类乡镇比例不低于30%；符合条件的国家级和省级特色小镇、中国历史文化名镇、全国重点镇，应创建示范类。基础类的乡镇以完成“一深化”为主要目标，补齐与居民生产生活相关的基本功能设施；提升类、示范类在此基础上，进一步完善其他功能设施，全面提高镇区建设水平，做好乡镇风貌管控和引导，探索创新管理镇区的工作机制；示范类要打造一流镇区设施和景观，塑造具有本地特色的城镇风貌，提升镇区综合管理水平。到2023年，全省所有乡镇脏、乱、差的现象基本解决，干净整洁有序，服务功能持续增强、乡容镇貌大为改观、乡风民风更加文明，居民幸福感、获得感显著增强，全省100个左右的乡镇达到美丽乡镇示范镇要求。到2025年，全省300个左右的乡镇达到美丽乡镇示范镇要求。

主要任务为：

（1）持续深化环境综合整治，实现“环境美”。实施垃圾污水专项攻坚行动，全面整治主次干道、大街小巷、镇村结合部、集贸市场、房前屋后、公园广场、车站码头、建筑工地、学校周边和公共厕所等重点区域的环境卫生，推进城乡环卫“全域一体化”第三方治理，示范类乡镇实现生活垃圾“零填埋”；加快完善乡镇镇区及周边村生活污水管网系统，提升类镇区生活污水处理率力争达到50%以上，示范类镇区生活污水实现“零直排”。统筹推进卫生乡镇创建行动，到2023年年底，省级卫生乡镇创建比例达到30%，国家级卫生乡镇创建比例达到10%；到2025年，省级卫生乡镇创建比例达到50%，国家级卫生乡镇创建比例进一步提高。实施水体清洁专项攻坚行动，加强乡镇的河流、湖泊、池塘、沟渠等各类水域保洁，保持水面、岸边干净清洁，实施水环境综合整治，切实做到水清湖（河）美。实施“道乱占”专项整治攻坚行动，清理国省干道、农村公路及镇区道路沿线店铺非法占道经营、占道违建、占道晒谷物、占道堆物等，整治拆除道路沿线的违法建筑物、构筑物，确保道路畅通。实施“车乱开”专项整治攻坚行动，重点整治车辆乱开乱停乱放、车辆和行人不按信号灯通行、机动车和非机动车不按道行驶、车辆违反规定载人、酒后驾驶、无证驾驶等违法行为，严禁无牌电动车和摩托车上路行驶。实施“农贸市场改造提升”专项攻坚行动，实现每个乡镇至少建有一个室内或钢棚结构的集贸市场，示范类乡镇要按照商务部《关于印发“双百市场工程”农贸市场建设标准和验收规范的通知》的有关要求进行建设，合理划定街道摊贩设置点，规范出店经营。实施“乱搭乱建、违法建筑”专项拆除整治攻坚行动，清理和拆除房前屋后、背街小巷乱搭乱建的非法简易附属用房，依法依规拆除和回收空心房、危旧房，基本消除违法建筑；建立日常管控机制，严格执行建房规划许可制度，逐步推行农村建筑工匠培养管理制度，杜绝无序建房。实施“线乱拉”专项整治攻坚行动，整治户外架空线违章乱架行为，着力解决乱接乱牵、乱拉乱挂的“空中蜘蛛网”现象；所有镇区实现千兆光纤网络、5G移动网全覆盖，鼓励具备条件的乡镇积极推进燃气管道入户。实施沿街立面专项整治攻坚行动，清理和规范设置沿街防盗窗、遮阳檐篷、空调室外机、卷闸门等设施和门牌、广告牌匾、灯箱标识等指示标牌，门店招牌一店一牌、整齐美观，路牌、站牌统一制作设置，公益性宣传标语设置规范、美观；加强老旧小区提档整治，改善居住环境。

（2）全面提升镇区功能，实现“生活美”。完善道路交通设施，打通“断头路”，提高道路通达性；强化管养维护，提高路面完好率；示范类乡镇要将无障碍设施、海绵城市建设理念融入道路建设系统；新建和改造一批公共停车场。提升便民服务设施，所有乡镇应建设综合便民服务中心，做到乡村和城镇居民办事“只进一扇门、最多跑一次”。完善医疗卫生设施，所有乡镇的医院建设规模、标准符合《乡镇卫生院建设标准》（建标107—2008），按照镇域人口总数合理计算床位和建设规模，同时配备防保站或公共卫生科等设施，努力实现“小病不出乡镇”。普及学前教育，完善义务教育学校的设施建设，改善乡镇寄宿制学校办学条件，示范类乡镇因地制宜推进职业教育、社区教育、老年教育。加快养老设施建设，基础类和提升级类的乡镇至少建有一所设施设备较为完善的养老院，示范类乡镇至少建有一所服务设施完善、设备齐全、护理水平良好的养老机构。完善文体设施，各乡镇应有一个综合文化站，一个室外公共标准灯光篮球场；示范类乡镇确保每个社区建有一个图书室或文化家园，提升类、示范类乡镇应建设健身广场，配备篮球架、足球门、乒乓球台、羽毛球网柱、室外健身路径等器材，并可结合中小学校或单独建设足球场。全域旅游县重点发展的乡镇要建设旅游集散中心，其他乡镇也应当完善旅游服务设施，发展精品民宿、农家乐等，健全旅游标识设施。合理设置农村生产物资供应网点、可再生资源回收网点、农机专业合作网点和快递网点。所有乡镇应按照“300m见绿、500m见园”的要求，大力实施植树增绿、见缝插绿、拆违补绿、拆墙透绿行动，多植乔木和乡土、彩色树种，做好庭院绿化、公园绿化、道路绿化；合理配备路灯设施，实现照明达标；示范类乡镇、全域旅游的乡镇和有条件的乡镇要通过系统设计，把各类自然、人文、生态、农业景观等资源“串点成线”，形成集“绿化、文化、活化、美化”一体的休闲观光绿道，进行必要的美化亮化。健全防灾减灾设施，合理设置应急避灾场所、通道和物资储备站点，示范类型乡镇要综合运用生态技术，增强防洪管理能力；要建有乡镇灾害事故预警信息传播系统；所有乡镇要设置消防救援队站，配备基本消防通信设备和消防装备设施。

（3）全面提升镇区品质，实现“人文美”。保护历史文化传统，国家、省级历史文化名镇名村、传统村落要实现应保尽保；鼓励改造利用老厂房老设施，积极发展文化创意、工业旅游、演艺会展等功能，植入商贸、健康、养老服务等生活服务功能。塑造特色风貌，注重保护和延续乡镇的自然景观，挖掘乡镇的地域特色，注重显山露水、塑造田园风光，打造具有江西地方特色的美丽乡镇。加强环境设计。示范类的乡镇要做好民居风貌提升改造，加强对建筑外立面设计、建筑色彩的引导和控制，提升空间环境品质；示范类和有条件的提升类乡镇要对重要街区、重点地段和重要节点开展项目设计，展现浓郁的市井文化、民俗风情和地方特色，塑造网红打卡景点。

（4）全面提升管理水平，实现“治理美”。要建立长效管理机制，加快构建“大数据”管理服务平台，整合公安、自然资源、住房城乡建设行业、政务服务平台等与乡镇管理相关的资源；逐步推进成立乡（镇）综合执法大队，承担乡（镇）综合执法管理任务；推行实施“街长制”，由镇干部或工作人员任街长，对落实门前责任制、卫生保洁、规范经营、红白喜事、宠物管理等情况进行动态巡查，解决环境综合整治阶段性问题。提升社会治理体系和治理能力建设，坚持党建引领，深入开展美好环境与幸福生活共同缔造活动，构建共建共治共享的社会治理格局。加强精神文明建设，继承和发扬优秀传统文化和传统美德，广泛开展社会主义核心价值观宣传教育，推进习近平新时代中国特色社会主义思想在乡村深入人心，不断夯实新时代中国特色社会主义的思想道德基础，开展文明村、文明镇创建活动。

开展美丽乡镇建设的保障措施：（1）加强组织领导，实行省市统筹、县级负总责、乡镇抓落实的工作推进机制；省直有关部门出台配套支持政策，开展专项行动，形成工作合力；市县政府定期研究本地区美丽乡镇建设工作，抓好重点任务分工、重大项目实施、重要资源配置等工作，出台实施方案，以乡镇为单位制定差别化目标任务；乡镇做好具体组织实施工作，主要负责同志亲自推进，选优配强一线工作队伍。（2）落实经费保障，建立以县为主、省市奖补的经费保障机制，各市、县（区）要将上级转移支付资金更多向乡镇建设工作倾斜，可通过依法发行专项债的方式筹措资金用于补短板、惠民生的基础设施项目建设；鼓励创新乡镇建设发展投融资机制，大力推进政府和社会资本合作。（3）用足土地政策，支持有条件的乡镇依法开展城乡建设用地增减挂钩，增减挂钩指标在保障拆旧地块农民安置用地的基础上，应主要用于镇村联动、新农村建设等；乡镇现有的存量划拨用地，符合规划和相关规定的，依法经原批准用地的人民政府批准，可转为经营性用地。（4）强化督查指导，建立健全考核办法和评价体系，省领导小组办公室会同省直有关部门组织开展不定期督查和中期评估，考核结果纳入市县高质量发展和乡村振兴考核体系。（5）加强宣传发动，要充分利用广播、电视、报刊、网络和融媒体等多种载体，积极开展美丽乡镇建设行动宣传，充分调动基层干部和居民群众的积极性、主动性和创造性，加快形成全民共建、全民共享的良好氛围；要及时总结经验，加强交流学习，不断巩固提升整治成效和管理水平。

自开展美丽乡镇建设五年行动以来，在各级党委、政府的领导下，江西省有关部门认真按照行动方案组织实施，已取得阶段性成果，乡镇面貌发生了较大的变化。江西的做法值得各地借鉴。

第6章　特色资源

我国地域辽阔，在广大农村中存在不少特色鲜明、保存完好的历史文化名镇名村、传统村落、特色村寨、风景名胜区。在乡村建设行动中，注意传承、保护好这些稀少的特色资源，对于传承中华民族的优秀传统文化具有重要意义。要处理好统筹保护、利用与发展的关系，努力保持村镇的完整性、真实性和延续性。合理利用乡村特色资源，发展乡村旅游和特色产业，形成特色资源保护与乡村发展的良性互促机制。

6.1　历史文化名镇名村

历史文化名镇名村是我国文化遗产的重要组成部分，必须予以积极保护。做好历史文化名镇名村的保护工作，对于弘扬我国传统文化、带动地方经济发展具有重要意义。历史文化名镇名村已成为培育地方特色产业、推动经济发展和提高农民收入的重要途径，成为展示乡村传统特色、增强人民群众对各民族文化的认同感及自豪感、满足社会公众精神文化需求的重要场所。

我国对历史文化名镇名村的认定与保护工作始于20世纪90年代。江苏省昆山市的周庄镇，聘请同济大学编制了历史文化名镇保护规划，并严格按规划保护好各类古建筑，在此基础上适度开发旅游，在上海乃至全国都有较大的名气。

为了加强对历史文化名城名镇名村的保护与管理，继承中华民族优秀历史文化遗产，2008年4月，国务院发布了《历史文化名城名镇名村保护条例》。该条例明确：历史文化名城、名镇、名村的保护应当遵循科学规划、严格保护的原则，保持和延续其传统格局和历史风貌，维护历史文化遗产的真实性和完整性，继承和弘扬中华民族优秀传统文化，正确处理经济社会发展和历史文化遗产保护的关系。

建设部、国家文物局2003年发布的《中国历史文化名镇（村）评选办法》规定，历史文化名镇（村）应按以下条件和标准来评选：

在一定历史时期内对推动全国或某一地区的社会经济发展起过重要作用，具有全国或地区范围的影响；或系当地水陆交通中心，成为闻名遐迩的客流、货流、物流集散地；在一定历史时期内建设过重大工程，并对保障当地人民生命财产安全、保护和改善生态环境有过显著效益且延续至今；在革命历史上发生过重大事件，或曾为革命政权机关驻地而闻名于世；历史上发生过抗击外来侵略或经历过改变战局的重大战役，以及曾为著名战役军事指挥机关驻地；能体现我国传统的选址和规划布局经典理论，或反映经典营造法式和精湛的建造技艺；或能集中反映某一地区特色和风情，民族特色传统建造技术。

建筑遗产、文物古迹和传统文化比较集中，能较完整地反映某一历史时期的传统风貌、地方特色和民族风情，具有较高的历史、文化、艺术和科学价值，现存有清代以前建造或在中国革命历史中有重大影响的成片历史传统建筑群、纪念物、遗址等，基本风貌保持完好。

镇（村）内历史传统建筑群、建筑物及其建筑细部乃至周边环境基本上原貌保存完好；或因年代久远，原建筑群、建筑物及其周边环境虽曾倒塌破坏，但已按原貌整理恢复；或原建筑群及其周边环境虽部分倒塌破坏，但“骨架”尚存，部分建筑细部亦保存完好，依据保存实物的结构、构造和样式可以整体修复原貌。

符合上述条件，镇的总现存历史传统建筑的建筑面积须在5000m^2以上，村的现存历史传统建筑的建筑面积须在2500m^2以上；已编制了科学合理的专项保护规划或在村镇总体规划中体现了相关保护要求，设置了有效的管理机构，配备了专业人员，有专门的保护资金的村镇，均可参加历史文化名镇名村的评选。

自2003年全国第一批历史文化名镇名村的认定开始，截至2019年1月，住房和城乡建设部、国家文物局共分7批公布了312个中国历史文化名镇和487个中国历史文化名村。

历史文化名镇名村的评选与认定工作，有利于推动各级政府采取积极有效措施，保护好当地历史文化资源，保护一大批历史建筑和历史风貌，传承中华民族优秀传统文化，为经济建设和社会发展服务。

2017年10月，住房和城乡建设部、国家文物局决定对中国历史名镇名村保护工作开展评估检查，要求各地站在“保护弘扬中华优秀传统文化，延续城市文脉，保留中华文化基因”的高度，推动社会形成高度重视历史文化名镇名村保护的共识；要构建完整系统的历史文化名镇名村和历史建筑保护体系，讲好中国故事，完善历史文化名镇名村和历史建筑的保护层次、类别和体系；要树立正确的保护理念和方法，坚持最大限度保留，坚持真实保护，坚持整体保护，坚持以人为本，坚持循序渐进；要创新利用方式，因地制宜，最大程度彰显历史文化名镇名村和历史建筑的文化内涵，充分发挥使用价值，融入现代化进程；要健全监督管理体系，充分发挥历史文化名镇名村保护规划的管控作用，落实地方政府主体责任，建立“一年一体检、五年一评估”的历史文化名镇名村保护工作体检评估制度，加快完善法律法规，对破坏历史文化名镇名村和历史建筑的责任主体加大处罚力度，对保护不力致使名镇名村历史文化价值受到严重影响、历史遗存遭到破坏的，将依据《历史文化名城名镇名村保护条例》有关规定进行查处。

如今，历史文化名镇名村已成为当地的一张响亮“名片”，促进了招商引资和旅游事业的发展，为乡村振兴增添了活力。

6.2 传统村落

在广袤的中华大地和青山绿水间，曾经散落着数以万计历史悠久且各具特色的传统村落，描绘了一幅幅“桑叶隐村户，芦花映钓船”的农耕文明的美妙画卷。但在快速推进的城镇化进程中，这些村落逐渐消失，引发了人们对何处寄托乡愁乡思的由衷感叹。

保护发展传统村落刻不容缓。20世纪80年代，我国启动传统村落保护工作。在中国历史文化名镇名村评选中，将传统村落列为保护发展的特定对象。

2011年，住房和城乡建设部、文化部、财政部下发《关于加强传统村落保护发展工作的指导意见》，强调传统村落保护发展的重要性和必要性，并从基本原则和任务、做好传统村落调查工作、建立传统村落名录制度、推动保护发展规划编制实施、加强监督管理等方面作了较为全面的部署。同年，住房和城乡建设部、文化部、国家文物局、财政部联合成立了传统村落保护和发展专家委员会，中央财政计划用3年时间集中投入超过100亿元推动传统村落保护工作。

中国传统村落与历史文化名镇名村既有较大的联系，也有一定的不同。中国传统村落的审核标准是：传统建筑风貌完整、选址和格局保持传统特色、非物质文化遗产活态传承，具有一定的历史、文化、科学、艺术、社会、经济价值。

各地在历史文化名镇名村评选、非物质文化遗产调查、文物普查登记的基础上，积极组织申报推荐中国传统村落。经各地申报，专家评审，2012年，住房和城乡建设部、文化部、财政部公布了第一批646个中国传统村落名单，以后又陆续公布了第二、第三、第四、第五批名单，截至2019年年底，全国共有6819个村落被确定为中国传统村落。一大批非常有价值的传统村落，在国家层面以及相关部门的高度重视和推动下，得到抢救性保护发展。

在加强保护发展传统村落顶层制度建设的同时，我国也在努力防止传统村落保护发展走“回头路”，防止肆意破坏以及无序发展等现象反弹。2016年，住房和城乡建设部等七部门印发《中国传统村落警示和退出暂行规定（试行）》，要求对因保护不力、造成村落文化遗产保护价值严重损害的情形提出警告，实施警示和退出制度。

为不断加强数字化保护，2017年，住房和城乡建设部启动了中国传统村落数字博物馆建设。该馆分为综合馆和村落馆，综合馆展示中国传统村落整体历史、文化、艺术、科学等价值，村落馆逐个展示中国传统村落全貌，目前已完成165个中国传统村落建馆工作。

各级政府及有关部门加大了对传统村落的保护管理力度。住房和城乡建设部门积极组织编制传统村落保护规划，指导传统村落保护和住房及基础设施维护建设，开展传统建筑调查、认定、挂牌工作，把散落在传统村落内的传统建筑纳入保护名录；文化（文物）部门指导文物及非物质文化遗产的保护，传承当地传统文化；财政部门挤出部分资金补助传统村落编制保护规划、支持对有价值的古建筑进行修缮、完善村落内必要的基础设施。由于采取了一系列积极有效措施，使得逐渐消亡的传统村落在大规模的城乡建设中得以保存下来，让人们“望得见山、看得见水、记得住乡愁”。经过多年的持续推进，传统村落资源得到深入挖掘，保护名录不断丰富，保护格局基本建立，保护利用体系进一步完善，一批传统村落成为乡村振兴的“聚宝盆”、村民增收的“摇钱树”，传统村落实现了静态保护向活态传承的转变，探索出有中国特色的传统村落保护利用的新路径。

在党中央、国务院高度重视和社会各界的共同努力下，我国传统村落快速消失的局面得到遏制。调查显示，列入中国传统村落名录的村落没有发生拆并现象，没有发现严重破坏问题，村民保护意识明显增强。传统村落中大量危旧甚至濒危遗产得到保护修缮，越来越多的传统村落生产生活条件有了明显改善。

人居环境的改善和提升带动传统村落逐步恢复活力，一些地区的传统村落实现了产业复兴，许多传统村落成为旅游热点，增加了农民收入。以湖南湘西花垣十八洞村、河北阜平骆驼湾村为例，通过借鉴传统村落保护与发展的先进经验，保持自然风光和原汁原味的风貌，发展乡村旅游业，吸引外出人员返乡就业，探索出了精准扶贫和脱贫的好路子。

如今，传统村落已成为中华儿女寄托乡愁和弘扬优秀传统文化的重要载体。所有中国传统村落都建立了村落文化遗产档案，很多村落还挖掘整理了村史、村志、乡规、族训，将保护文化遗产和传承优秀传统美德要求写入村规民约，还兴建了传统文化活动场所，教育村民，感染和熏陶各地游客。

传统村落保护发展事业，功在当代，利在千秋。在习近平新时代中国特色社会主义思想指引下，我国传统村落保护发展工作必将进一步助力中华民族伟大复兴，为人类文化遗产保护发展事业作出新贡献。

2022年4月，住房和城乡建设部、财政部联合下发了《关于做好2022年传统村落集中连片保护利用示范工作的通知》，确定北京市门头沟区等40个县（市、区）为2022年传统村落集中连片保护利用示范县，要求省级住房和城乡建设、财政部门要指导各示范县抓紧完善并印发传统村落集中连片保护利用示范工作方案，细化重点内容、工作措施、预期成效等，明确中央财政补助资金安排意见，确保可量化、可考核。要指导各示范县在工作方案基础上，编制并印发县域传统村落集中连片保护利用规划。保护利用规划要坚持以人民为中心的发展思想，全面贯彻新发展理念，以传统村落为节点，因地制宜连点串线成片确定保护利用实施区域，明确区域内村落的发展定位和发展时序，充分发挥历史文化、自然环境、绿色生态、田园风光等特色资源优势，统筹基础设施、公共服务设施建设和特色产业布局，全面推进乡村振兴，传承发展优秀传统文化。要活化、利用好传统建筑，结合村民实际需求提出传统民居宜居性改造工作措施和技术路线等，实现生活设施便利化、现代化。要指导督促各示范县落实主体责任，严格按照工作方案和保护利用规划有序组织实施示范工作。各示范县要加强统筹协调，完善政策制度，创新体制机制，整合相关资源，吸引社会资本参与，激发村民参与保护利用的主动性和积极性，不断提升传统村落居住条件和改善村容村貌，增强传统村落生机活力，形成当地传统村落保护利用经验和模式，确保取得预期成效。住房和城乡建设部、财政部将定期调度示范县工作进度，开展工作评估，及时总结推广传统村落保护利用可复制可推广的经验。

6.3　特色村镇

1. 特色景观旅游村镇

进入21世纪，我国旅游事业快速发展，一大批具有中国特色的旅游名镇名村迅速崛起，支撑起乡村旅游的一片新天地。为适应发展新形势，住房和城乡建设部、国家旅游局决定开展全国特色景观旅游名镇名村评选。

全国特色景观旅游名镇名村评选的基本条件为：有一定规模或独特的自然、人文景观，适宜开展旅游活动；资源类型丰富，景点数量众多，并且组合关系良好；自然、人文景观基本保存完整，人为干扰较小，且不构成明显影响；在科学研究、科学普及和历史文化方面具有学术价值和教育意义；在观光游览和休闲度假方面具有较高的开发利用价值，具有较大影响力；能够较完整真实地体现地方、民族特色、民俗风情和传统乡村特色、自然风貌；有文化传承载体，有文化活动队伍，形成独特的文化形象；在周边省市知名，美誉度较高，具有一定的市场辐射力，有一定特色，并能形成一定的旅游主题，观赏游憩价值较高；年接待旅游者达到一定规模，旅游经济效益良好，吸纳本地劳动力就业明显。

自2009年起，住房和城乡建设部、国家旅游局共公布了3批553个全国特色景观旅游名镇名村示范。如北京市门头沟区斋堂镇、昌平区兴寿镇木厂村，江苏省昆山市周庄镇，江西省婺源县江湾镇、高安市新街镇贾家村，云南省景洪市嘎洒镇曼景法村等。

全国特色景观旅游名镇名村分布在全国各地，各具丰富的特色及自然与人文景观、严格的保护和适度的开发使之成为远近闻名的旅游村镇，不仅充分挖掘了宝贵的历史文化资源，而且极大地丰富了广大人民群众的业余文化生活，有力地促进了当地经济社会的发展。如江苏省昆山市周庄镇是一座江南小镇，有“中国第一水乡”之誉，是国家首批5A级景区。周庄始建于1086年（北宋元祐元年），因邑人周迪功先生捐地修全福寺而得名。春秋时为吴王少子摇的封地，名为贞丰里。周庄历史悠久，是典型的江南水乡风貌，有独特的人文景观，是中国水乡文化和吴地汉文化的瑰宝。周庄镇60%以上的民居仍为明清建筑，仅0.47km^{2}的古镇有近百座古典宅院和60多个砖雕门楼，周庄民居古风犹存，还保存了14座各具特色的古桥。主要景点有：沈万三故居、富安桥、双桥、沈厅、怪楼、周庄八景等。由于地处上海、江苏、浙江两省一市腹地，交通方便，来周庄的游客络绎不绝，是全国著名的特色景观旅游名镇。

住房和城乡建设部领导表示：国家特色景观旅游名镇名村示

范符合中央关于扩大内需、调整经济结构、实现可持续发展的战略要求，适应了人民生活需求多样化和乡村旅游业兴起的时代发展需求，取得了良好成效。今后要进一步明确工作思路和方法，要尊重自然山水，尊重原有的村庄历史格局，尊重本地的历史文化和建筑特色，尊重游客和当地村民的需求，要有一个好的保护规划，有一个好的管理机制，要以农民增收为核心。

2. 特色小镇

为贯彻党中央、国务院关于推进特色小镇、小城镇建设的精神，落实《中华人民共和国国民经济和社会发展第十三个五年规划纲要》关于加快发展特色镇的要求，住房城乡建设部、国家发展改革委、财政部于2016年7月联合下发通知，决定在全国范围内开展特色小镇培育工作。

通知要求通过培育特色鲜明、产业发展、绿色生态、美丽宜居的特色小镇，探索小镇建设健康发展之路，促进经济转型升级，推动新型城镇化和新农村建设。要坚持突出特色、市场主导、深化改革的原则，从当地经济社会发展实际出发，发展特色产业，传承传统文化，注重生态环境保护，完善市政基础设施和公共服务设施，防止千镇一面。特色小镇培育要求有：

（1）特色鲜明的产业形态。产业定位精准，特色鲜明，战略新兴产业、传统产业、现代农业等发展良好、前景可观。产业向做特、做精、做强发展，新兴产业成长快，传统产业改造升级效果明显，充分利用“互联网+”等新兴手段，推动产业链向研发、营销延伸。产业发展环境良好，产业、投资、人才、服务等要素集聚度较高。通过产业发展，小镇吸纳周边农村剩余劳动力就业的能力明显增强，带动农村发展效果明显。

（2）和谐宜居的美丽环境。空间布局与周边自然环境相协调，整体格局和风貌具有典型特征，路网合理，建设高度和密度适宜。居住区开放融合，提倡街坊式布局，住房舒适美观。建筑彰显传统文化和地域特色。公园绿地贴近生活、贴近工作。店铺布局有管控。镇区环境优美，干净整洁。土地利用集约节约，小镇建设与产业发展同步协调。美丽乡村建设成效突出。

（3）彰显特色的传统文化。传统文化得到充分挖掘、整理、记录，历史文化遗存得到良好保护和利用，非物质文化遗产活态传承。形成独特的文化标识，与产业融合发展。优秀传统文化在经济发展和社会管理中得到充分弘扬。公共文化传播方式方法丰富有效。居民思想道德和文化素质较高。

（4）便捷完善的设施服务。基础设施完善，自来水符合卫生标准，生活污水全面收集并达标排放，垃圾无害化处理，道路交通停车设施完善便捷，绿化覆盖率较高，防洪、排涝、消防等各类防灾设施符合标准。公共服务设施完善、服务质量较高，教育、医疗、文化、商业等服务覆盖农村地区。

（5）充满活力的体制机制。发展理念有创新，经济发展模式有创新。规划建设管理有创新，鼓励多规协调，建设规划与土地利用规划合一，社会管理服务有创新。省、市、县支持政策有创新。镇村融合发展有创新。体制机制建设促进小镇健康发展，激发内生动力。

国家有关部门负责组织开展全国特色小镇培育工作，明确培育要求，制定政策措施，开展指导检查，公布特色小镇名单。省级住房城乡建设、发展改革、财政部门负责组织开展本地区特色小镇培育工作，制定本地区指导意见和支持政策，开展监督检查，组织推荐。县级人民政府是培育特色小镇的责任主体，制定支持政策和保障措施，整合落实资金，完善体制机制，统筹项目安排并组织推进。镇人民政府负责做好实施工作。国家发展改革委等有关部门支持符合条件的特色小镇建设项目申请专项建设基金，中央财政对工作开展较好的特色小镇给予适当奖励。

到2021年年底，国家有关部门共公布两批特色小镇名单，北京市房山区长沟镇等403个镇入选全国特色小镇。

3. 少数民族特色村寨

我国是一个多民族国家，分布在全国各地的少数民族乡村有许多具有民族特色的村寨，保护好这些村寨对传承中华优秀传统文化、推进乡村旅游有着积极的作用。

2021年11月，贵州省住房和城乡建设厅与贵州省文化和旅游厅等四部门联合印发了《贵州省推进乡村旅游与传统村落和少数民族特色村寨深度融合发展实施方案》。该方案指出：传统村落、少数民族特色村寨是乡村旅游发展的重要资源，是传承和弘扬中华优秀传统文化的重要载体。贵州省将发挥中国传统村落、中国少数民族特色村寨数量均居全国第一的优势，在2025年年底前，创建省级以上乡村旅游重点村200个，打造50个乡村旅游与传统村落和少数民族特色村寨深度融合发展示范点，在全省形成特色突出、风情浓郁、效益显著的乡村旅游与传统村落、民族特色村寨深度融合发展格局，使之成为贵州文旅融合发展的一大特点和乡村旅游的亮丽名片。

主要工作目标：（1）做好规划布局，找准发展定位。要求各地摸清基本情况，突出特色推进，对少数民族特色村寨的非遗技艺、文物保护单位、乡村旅游发展等情况进行调研摸底，发展一批文化艺术型、非遗技艺型、景区依托型等特色文旅乡村。把少数民族特色村寨融合发展纳入各级"十四五"文化和旅游发展规划或乡村旅游发展规划，与土地利用规划、村镇规划、传统村落保护发展规划、民族特色村寨保护发展规划、休闲农业发展规划等有效衔接，推动少数民族特色村寨乡村旅游有序协调发展；（2）提升发展基础，构建和谐环境。支持少数民族特色村寨与本地人文、自然景观保持和谐，完善提升公共服务设施，为乡村旅游发展提供基础支撑。深入挖掘文化资源，精心开展"一村一解说词”等工作，讲好自然与人文和谐共生、民族民俗发展历程、村寨村落发展历史的故事。对村寨村落中有条件的文物保护单位做好保护、完善设施，逐步对游客开放。利用好村落、建筑、林草、农田、水体等景观元素，科学规划农业土地、农业生物、乡村聚落、乡村人文活动、民俗文化、现代科技等景观布局，按四季整体打造和谐田园风光景观，营造安全、舒适、健康、优美的环境，推动农文旅商融合发展；(3) 丰富旅游业态，增强人文内涵。依托传统建筑、民族文化、非遗技艺、民族医药、温泉等特色资源，发展文化体验、乡村演艺、避暑度假等旅游业态，打造一批有生产、有生活、有生气、有生意的乡村旅游重点村。充分挖掘文化潜力，有效利用乡村文物古迹、传统村落、民族特色村寨、传统建筑、农业遗迹、非物质文化遗产等，与现代创意相结合，打造一批富有现代艺术气息和娱乐体验功能的文化娱乐活动。传承发展特色手工艺，依托银饰、蜡染、刺绣、纺织、编织、制陶、造纸、农民画、木贴画、漆器等为代表的传统民族民间工艺，融合现代生活需求，加强有针对性地培训，着力提升文创设计能力和附加值，培树特色品牌，激活乡村传统工艺，打造一批内涵丰富、现代时尚并兼具实用性、深受市场和游客欢迎的旅游商品和文创产品，并通过就地或电商销售等拓展市场；(4) 加强服务保障，提升发展质量。按照“串点连线、连线成片”的原则，实时更新，发布推介贵州少数民族特色村寨旅游地图、总体旅游攻略，以及一批不同类型的深度融合精品旅游线路和攻略，扩大少数民族特色村寨乡村旅游的知名度和美誉度。加强招商引资引智，招引一批优强企业，打造一批融合发展精品工程项目。强化人才培养培育，通过举办乡村旅创客大赛等活动，鼓励引导大学生、文化艺术人才、专业技术人员、青年创业团队等各类“创客”投身少数民族特色村寨乡村旅游发展。

为保障《贵州省推进乡村旅游与传统村落和少数民族特色村寨深度融合发展实施方案》落到实处，拟采取的措施：(1) 建立工作机制。省、市、县三级发展改革、文化旅游、民族宗教、住房城乡建设部门建立常态化工作机制，加强统筹协调、联动配合，构建全省一盘棋的工作格局，形成工作合力，扎实推进工作落实；（2）打造典型示范。依托中国传统村落集中连片保护利用示范市（州），打造20个以上“贵银”“苗绣”“黔菜”等特色旅游示范村。选择50个乡村旅游与传统村落和少数民族特色村寨深度融合发展示范点，在项目、资金安排上进行集中支持，加强建设指导，形成贵州省乡村旅游对外吸引的精品；（3）加强资金支持。把少数民族特色村寨纳入金融资金支持乡村旅游重点村范围，争取省级政府投资基金在同等条件下优先安排少数民族特色村寨保护发展项目，同时引导社会资本投入。

贵州省的做法，值得有一定数量少数民族特色村寨的省（区、市）借鉴。

6.4　风景名胜区

风景名胜区是指具有观赏、文化或者科学价值，自然景观、人文景观比较集中，环境优美，或供人们游览或者进行科学、文化活动的区域。

风景名胜区划分为国家级风景名胜区和省级风景名胜区。自然景观和人文景观能够反映重要自然变化过程和重大历史文化发展过程，基本处于自然状态或者保持历史原貌，具有国家代表性的，可以申请设立国家级风景名胜区；具有区域代表性的可以申请设立省级风景名胜区。国家级风景名胜区由国务院批准公布，省级风景名胜区由省、自治区、直辖市人民政府批准公布。

1982年，我国正式建立风景名胜区制度。截至2017年3月底，全国已建立风景名胜区981处，其中国家级风景名胜区共九批244处、省级风景名胜区737处，风景名胜区面积约占国土总面积的2.02%。风景名胜区为国家保存了大量珍贵的自然文化遗产，成为我国生态文明和美丽中国建设、促进国民经济和社会发展的重要载体。

在已批准设立的国家级和省级风景名胜区中，包含着大量的村镇，如江西省庐山风景名胜区牯岭镇、井冈山风景名胜区茅坪村、龙虎山风景名胜区无蚊村、滕王阁－梅岭风景名胜区的太平镇等。这些村镇规划建设的特点：（1）严格遵守风景名胜区总体规划和详细规划，并按照上位规划来编制村镇规划；（2）对村镇中具有观赏、文化或者科学价值的自然与人文景观制定保护规划，并采取积极措施予以保护；（3）新建、改建建（构）筑物或基础设施，必须严格按规划执行，且与该风景名胜区总体风貌相协调；（4）修缮、拆除传统建筑，需依法严格执行相关审批程序。

风景名胜区内以享受大自然、了解自然景观、野生生物及相关文化特征为旅游目的，以不改变生态系统的结构和功能、不破坏自然资源和环境为宗旨，且使当地居民受益的特殊旅游活动。国家级和省级风景名胜区内的村镇，一般来说风景优美、基础设施配套，在乡村振兴中起榜样作用。但要防止过度的旅游开发，对自然与人文景观造成破坏。

茅坪村位于黄洋界北麓，是江西省井冈山风景名胜区内的村庄，全村国土面积13.8km^2，辖13个村民小组，256户，1286人。在井冈山革命斗争时期，茅坪曾是湘赣边界党政军最高领导机关和医院等后勤保障机构所在地，也是毛泽东、朱德、陈毅等老一辈无产阶级革命家从事革命活动的主要活动场所。“八角楼”的灯光，点亮了中国革命的“星星之火”。村内遗留下了大量的革命遗址、遗迹，现分布有5处国家级、3处省级文物保护单位。

近年来，茅坪村依托丰富的红色与绿色资源，加强基础设施建设，在认真做好风景名胜区保护工作的同时，积极引导周边群众参与旅游经济，因地制宜大力发展红色旅游、乡村旅游、农业观光旅游，旅游工艺品等配套服务设施，充分挖掘客家文化和乡村特色，注重保护自然资源和生态环境，着力打造“一脉三区”，建设“山地人家”“云涧山庄”“桃源溪谷”，精心打造茅坪科技观光园，发展农家乐，猕猴桃、黄桃基地已日趋成形。走出了一条“红色旅游，绿色发展”的科学发展之路。2012年，茅坪村被有关部门授予“全国生态文化村”称号。

第7章　若干思考

回顾多年来从事村镇建设工作的实践，并不断学习新的相关法律法规政策和新的知识，借鉴各地好的经验和做法，围绕实施乡村振兴战略，引发了对深入开展乡村建设行动的若干思考。

7.1　总体思路

乡村建设行动是乡村振兴的重要组成部分，是我国迈向第二个一百年奋斗目标、开启建设社会主义现代化国家的新征程、逐步缩小城乡差别的具体行动。结合当前国际国内新形势以及多年从事乡村建设工作的经验，提出乡村建设行动的总体思路：

以习近平新时代中国特色社会主义思想为指导，全面贯彻党的十九大和十九届历次全会精神，立足新发展阶段、贯彻新发展理念、构建新发展格局、推动高质量发展，促进共同富裕。健全乡村建设实施机制，落实乡村振兴为农民而兴、乡村建设为农民而建的要求，坚持自下而上、村民自治、农民参与，启动乡村建设行动实施方案，因地制宜、有力有序推进。坚持数量服从质量、进度服从实效，求好不求快，把握乡村建设的时度效。立足村庄现有基础开展乡村建设，不盲目拆旧村、建新村，不超越发展阶段搞大融资、大开发、大建设，避免无效投入造成浪费。统筹城镇和村庄布局，科学确定村庄分类，在县（市、区）、乡镇国土空间规划的指导下，加快推进有条件有需求的村庄编制村庄规划，严格规范村庄撤并。开展传统村落集中连片保护利用示范，健全传统村落监测评估、警示退出、撤并事前审查等机制。保护特色民族村寨。实施“拯救老屋行动”。推动村庄小型建设项目简易审批，规范项目管理，提高资金绩效。总结推广村民自治组织、农村集体经济组织、农民群众参与乡村建设项目的有效做法。明晰乡村建设项目产权，以县域为单位组织编制村庄公共基础设施管护责任清单。

接续实施农村人居环境整治提升五年行动。从农民实际需求出发推进农村改厕，具备条件的地方可推广水冲卫生厕所，统筹做好供水保障和污水处理；不具备条件的可建设卫生旱厕。巩固户厕问题摸排整改成果。分区分类推进农村生活污水治理，优先治理人口集中村庄，不适宜集中处理的推进小型化生态化治理和污水资源化利用。加快推进农村黑臭水体治理。推进生活垃圾源头分类减量，加强村庄有机废弃物综合处置利用设施建设，推进就地利用处理。深入实施村庄清洁行动和绿化美化行动。

扎实开展重点领域农村基础设施建设。有序推进乡镇通三级及以上等级公路、较大人口规模自然村（组）通硬化路，实施农村公路安全生命防护工程和危桥改造。实施农房质量安全提升工程，继续实施农村危房改造和抗震改造，完善农村房屋建设标准规范。加强对用作经营的农村自建房安全隐患整治。

大力推进数字乡村建设，推动“互联网+政务服务”向乡村延伸覆盖。加快推动数字乡村标准化建设，研究制定发展评价指标体系，持续开展数字乡村试点。加强农村信息基础设施建设。

加强基本公共服务县域统筹。加快推进以县城为重要载体的城镇化建设。加强普惠性、基础性、兜底性民生建设，推动基本公共服务供给由注重机构行政区域覆盖向注重常住人口服务覆盖转变。

深入开展乡村建设行动。以农房和村庄建设现代化为着力点，加快建设美丽宜居乡村。实施农村人居环境整治提升五年行动，推动村庄整治向功能品质提升迈进。实施好农村宅基地制度改革和规范管理三年行动，盘活闲置农房和宅基地。落实乡村建设“营建要点”，探索形成符合当地实际的乡村政策机制和建设方式，推动城乡基础设施和公共服务一体化，完善农村集体经营性建设用地入市制度和集体经济风险监控机制，增强乡镇“造血”功能。

7.2 规划先行

规划是乡村建设和管理的“龙头”，开展乡村建设行动规划必须先行。要按照自然资源（规划）部门的统一部署，扎实做好省、市、县、乡镇等层次的国土空间总体规划编制工作，同时依据国土空间规划大力推进乡村规划的编制，力争在较短的时间内实现乡村规划的全覆盖。

以往的村镇规划内容相对简单，指导性不够强，且与土地利用规划不完全吻合。有的规划编制单位现场调研走马观花，单纯向乡镇、村索要相关材料，然后闭门造车，甚至整县整乡“克隆”规划，这样的规划只能是“纸上画画、墙上挂挂”，形式上有规划，实施时却抓瞎。规划的浪费不仅表现在无规划瞎建设，建了拆、拆了建；而且还体现在规划编制质量问题上，质量不高、指导作用不强的规划造成的浪费同样不可低估。

新一轮乡村规划的编制，应在上位国土空间规划的指导下，按照自然资源（规划）部门拟定的标准进行。规划编制单位应深入乡村调查研究，掌握第一手资料，与乡村干部群众一道研究讨论乡村规划建设的未来。规划一定要结合实际，适度超前，切忌生搬硬套、照搬照抄，也不要异想天开、脱离实际。

村镇规划初稿完成后，应充分征求当地相关部门及广大干部群众的意见，规划编制单位再根据所征集的意见进行修改，然后按规定的程序报批。

规划先行除超前编制村镇规划外，在乡村建设与管理过程中都必须严格遵守规划，做到“无规划不得开工建设、不符合规划不得审批项目”。规划职能划归自然资源部门后，乡村规划的管理体制理顺了，管理机构及队伍配齐了，依法管理的条件也具备了，如果再出现违反规划乱搭乱建、滥占用土地建房，将依法依规严肃追究责任。

据报道，2021年四川省在全国创新提出以片区为单元编制国土空间规划，并在什邡市进行试点。其核心是打破县域行政区划和建制界限，推动经济区和行政区适度分离，重塑乡村经济和治理格局。即在不打破乡镇行政区划的前提下，从经济体量角度考察，以2～5个乡镇（街道）为一个片区开展划片编制规划，选择基础条件好、辐射能力强的建制镇作为中心镇，引导其成为片区人口吸纳、产业承载、公共服务和交通物流等的核心；统筹片区发展布局和资源投放，在更大范围内促进产业集聚和协作，培育区域经济支点；统筹片区内基础设施建设，资源共享；突出发展导向，宜农则农、宜工则工、宜商则商、宜旅则旅，助推形成“一片区、一主业、一特色”发展格局。片区国土空间规划和专项规划同步编制，既有总体的蓝图引领，又有细化的实施路径。四川省的做法体现了“乡村振兴、规划先行”的原则，可供其他地方借鉴。

7.3　突出特色

我国地缘辽阔、村镇众多，各地历史文化风俗不同、经济社会发展情况不一，开展乡村建设行动不能搞“一刀切”。

（1）要开展试点。鼓励试点乡村在相关法律法规框架下、紧密结合当地实际大胆先行先试，认真总结试点乡村的经验，以点带面推动工作。如江南某省决定自2022年起开展“十、百、千”活动，即在全省范围内选定10个县（市、区）、100个乡（镇）、

1000个村庄开展乡村建设行动试点，并采取一系列积极措施，以试点作示范，全面提升乡村振兴战略。试点应当分类进行，针对不同层次、不同经济状况、不同特色资源而采取不同的试点方法。实践证明，组织开展好乡村建设试点工作，有利于突出当地特色、起到标杆示范作用，探索新途径和新路子。

（2）要挖掘资源。资源是创特色的重要基础条件，各地有各地的资源，有历史文化资源、自然景观资源、人文景观资源、风景名胜资源、地质矿产资源、水利资源、森林资源、草原资源、土特产资源、非物质文化遗产资源等。“既要金山银山、更要绿水青山”“绿水青山就是金山银山”，绿水青山是广大农村的宝贵资源。充分挖掘这些资源，有利于形成乡村建设特色，加快当地经济社会发展。

（3）要突出重点。乡村建设不能搞“千村一面”，各村有各村的重点，有的需要进行农村危房改造，有的需要修缮历史建筑，有的需要完善基础设施，有的需要开发民宿资源……要有针对性地抓住重点，在较短的时间内形成特色，不可能面面俱到。特色鲜明的村镇更能让人们“望得见山、看得见水、记得住乡愁”，助推乡村振兴和高质量发展。

7.4 引导建房

在乡村建设过程中正确引导村民建房仍是今后一个时期的“重头戏”。作为从事村镇建设工作多年的同志，总体感觉规范农村房屋建设仍是目前工作的一个薄弱环节。改革开放以来，随着法制建设的逐步完善，城市规划建设管理工作逐步走上了正轨，但村镇规划建设管理工作却没有完全跟上，尤其是村民建房，随意性较大，缺乏规划管控、滥占土地、设计不够合理、工程质量较差等问题较突出。过去有的地方单纯考虑减轻农民负担，对农村村民建房的审批过于放松，甚至没有什么审批手续，农民爱怎么建就怎么建，县级规划建设部门鞭长莫及，管不了也不想管，乡镇政府想管但缺乏相应法律法规授权和专业人才，村级集体经济组织也无能为力，特别是在20世纪90年代的农民建房高峰时期，许多地方的管理几乎失控，造成村民建房如雨后春笋，拔地而起，杂乱无章，建了拆、拆了建，建新不拆旧，甚至出现新房成危房等怪现象。

“亡羊补牢，犹未为晚”，进入建设社会主义现代化国家新时代，应该高度重视村民建房问题，规范审批手续，从严管控村民建房。特提出如下建议：

（1）健全法律法规。目前与村民建房相关的法律法规只有《中华人民共和国土地管理法》《中华人民共和国城乡规划法》《村庄和集镇规划建设管理条例》等，这些法律法规有的需要修订，有的需要更名或重新制定。农村建房量大面广，情况比较复杂，建议有关部门认真组织调查研究，广泛征求意见，进一步健全规范村民建房的法律法规，同时配套完善相应的管理规章、规范或办法，让村民建房真正做到有法可依、有章可循。

（2）完善审批手续。建房是百年大计，应依据相关法律法规，科学制定村民建房审批程序。既要减轻农民负担、方便建房户办事，也要符合有关规定、依法审批村民建房。审批权尽可能下放到乡镇一级，但应把好规划、宅基地、需求、设计、施工及验收关。1）要符合规划；2）取得的宅基地或建房用地合理合法；3）要审核其建房需求；4）要审查设计是否合理；5）要审查施工人员的资质情况；6）要完善验收与备案。只有完善审批手续，才能管控好村民建房。

（3）切实搞好服务。村民建房涉及千家万户，乡镇人民政府应建立健全必要的管理机构，配备专业人员，并依托村级集体经济组织的力量，管理好辖区内的村民建房。要努力改善政务服务环境，做到事前告知、事中服务、事后帮助，即事前了解村民的建房欲望，主动告知建房条件及相关审批手续，帮助村民分析是否必要建、建多大的房、如何通过审批；事中待审批手续通过后，为建房户放线、验槽，指导工程质量，协助解决施工过程中遇到的问题；事后帮助建房户完成房屋规划与质量验收，并指导好房屋备案与不动产登记等善后工作。

7.5 强化管理

“三分建设、七分管理”，实施乡村建设行动也不例外。一些地方只重视建设而忽视管理，导致出现“建新不拆旧、有新房无新村”等现象。建设社会主义新农村，实施乡村振兴战略，必须进一步强化管理，抓好乡村综合整治。

（1）建立健全村规民约，依靠村民自治组织管理好乡村建设。在相关法律法规规章的指导下，结合当地实际，制定村规民约，并要求村民自觉遵守，是管理好乡村建设的前提。村民居住相对分散，光靠乡镇政府的力量很难管好，实践证明村民自治是村庄治理行之有效的方法，必须持之以恒。

（2）组织开展相关活动。为提高乡村生产生活环境质量，国家有关部门近年来组织开展了一系列活动，如农村人居环境整治提升五年行动、美丽乡镇建设五年行动、村庄清洁行动、绿化美化行动等。开展相关活动不能只注重形式，更要注重质量，要努力通过这些积极有益的活动，提升乡村人居环境质量，提高乡村规划建设管理水平。

（3）抓好日常管理工作。除相关部门阶段性组织开展一系列积极有益的活动外，依法依规抓好乡村建设的日常管理工作也非常重要。乡村建设管理内容广泛，包括规划、建设用地、房屋及基础设施建设、供电供水、供气供热、邮电通信、园林绿化、环境卫生等。在实施乡村建设行动中，应进一步完善各方面的管理规章制度，用制度管人管事，使乡村建设走上法制轨道。不要以偏概全，以某一中心活动来代替日常管理工作。

（4）依法创新管理机制。随着乡村振兴战略的深入实施、相关法律法规的不断完善，必须紧跟时代发展步伐，紧密结合实际，不断创新乡村建设的管理体制机制。改革与发展是我国面临的两大主题，乡村建设也不例外，实践中会出现许多新情况、新问题，只有继续深化改革、开拓创新才能进一步解放思想、更新观念、完善机制，强化乡村建设管理工作。

7.6　资金筹措

乡村建设量大面广，且历年来基础设施建设欠账较多，因此开展乡村建设行动不可能一蹴而就，必须面对现实、树立长远目标、努力克服困难，扎扎实实推进。

实施乡村振兴战略，必须解决钱从哪里来的问题。当前各地面临的最大困难是建设资金不足、投资渠道不畅，必须进一步解放思想、更新观念、深化改革、完善政策，多渠道筹措乡村建设资金。

（1）用好用足政策。党和国家历来对农村采取“多予、少取、放活”“工业反哺农业、城市支持农村”的政策。近年来的中央一号文件相继出台了一系列支农惠农的优惠政策，如2018年中央一号文件明确：“要健全投入保障制度，创新投融资机制，加快形成财政优先保障、金融重点倾斜、社会积极参与的多元投入格局，确保投入力度不断增强、总量持续增加。”2022年中央一号文件再次强调：“扩大乡村振兴投入。继续把农业农村作为一般公共预算优先保障领域，中央预算内投资进一步向农业农村倾斜，压实地方政府投入责任。加强考核监督，稳步提高土地出让收入用于农业农村的比例。支持地方政府发行政府债券用于符合条件的乡村振兴公益性项目。提高乡村振兴领域项目储备质量。强化预算绩效管理和监督。”中共中央 国务院印发的《乡村振兴战略规划（2018—2022年）》中，对乡村振兴的政策进行了详细的归纳。中共中央办公厅、国务院办公厅《乡村建设行动实施方案》，进一步明确了推进乡村建设行动的政策措施。与乡村建设行动相关的单位和个人，应该认真学习相关文件，仔细研究，用好用足每一项政策，从政策层面解决建设资金问题。

（2）管好建设用地。改革开放以来，在多渠道筹措城市建设资金方面，各地成功探索了不少经验，其中“以地生财”是一条重要的经验，即在严格执行规划的前提下对规划区内的建设用地实行集中征用、统一开发，将“生地”变成“熟地”，再由政府指定的部门对建设用地进行公开招标、集中拍卖、挂牌上市，所得收益用于城市基础设施建设，大大缓解了城建资金不足的矛盾。这一做法同样可适用于乡村建设。中央要求调整完善土地出让收入使用范围，进一步提高农业农村投入比例，建立新增耕地指标和城乡建设用地增减挂钩节余指标跨省域调剂机制，将所得收益通过支出预算全部用于巩固脱贫攻坚成果和支持实施乡村振兴战略。还允许在符合土地利用总体规划前提下，集体经营性建设用地入市；允许县级政府调整优化村庄用地布局，有效利用农村零星分散的存量建设用地；预留部分规划建设用地指标用于单独选址的农业设施和休闲旅游设施等建设。这些措施都为乡村建设开辟了资金渠道，因此必须打好建设用地这张“牌”，以地生财筹措乡村建设资金。

（3）强化金融服务。金融支持是加快乡村建设步伐的重要手段，据统计，在长达8年的脱贫攻坚行动中，各级金融机构累计发放精准扶贫贷款9.2万亿元。乡村振兴不亚于脱贫攻坚，金融支持将会更大。中央要求：金融机构要加大支农支小再贷款、再贴现支持力度，实施更加优惠的存款准备金政策；支持各类金融机构探索农业农村基础设施中长期信贷模式；加快农村信用社改革，深入开展农村信用体系建设，发展农户信用贷款；坚持农村金融改革发展的正确方向，健全适合农业农村特点的农村金融体系，推动农村金融机构回归本源，把更多金融资源配置到农村经济社会发展的重点领域和薄弱环节，更好地满足乡村振兴多样化金融需求。要强化金融服务方式创新，防止脱实向虚倾向，严格管控风险，提高金融服务乡村振兴能力和水平。国家将抓紧出台金融服务乡村振兴的指导意见，强化金融服务方式创新，加大对乡村振兴中长期信贷支持。相信随着国家金融支持服务政策的落地，将为乡村建设行动开辟更多的融资渠道。

（4）拓宽改革路子。统筹乡村建设资金的出路在于改革，要通过不断深化改革，积极探索拓宽乡村建设资金的渠道。在不违反相关法律法规和国家政策的前提下，允许试点乡村“先行先试”“摸着石头过河”。如优化乡村营商环境，加大农村基础设施和公用事业领域开放力度，吸引社会资本投入乡村建设；规范有序盘活农业农村基础设施存量资产，回收资金主要用于补短板项目建设；继续深化“放管服”改革，鼓励工商资本投入农业农村，为乡村振兴提供综合性解决方案；鼓励利用外资开展现代农业、产业融合、生态修复、人居环境整治和农村基础设施等建设；推行宅基地使用制度改革，推广“一事一议、以奖代补”等方式，鼓励农民对直接受益的乡村基础设施建设投工投劳，让农民更多参与建设管护等。群众是真正的英雄，只有相信群众、依靠群众，发挥群众的创造才智，大胆地试，大胆地闯，才能闯出一条筹措乡村建设资金的新路子。

7.7　振兴乡村

乡村振兴是一项长期的奋斗目标，必须在党和政府的领导下，全面促进乡村产业振兴、人才振兴、文化振兴、生态振兴、组织振兴，推进城乡融合发展。

党的十九大报告对乡村振兴战略从生产发展、生态建设、精神面貌、社会治理、生活状态五个方面提出了“产业兴旺、生态宜居、乡风文明、治理有效、生活富裕”二十字总方针，此后每年的中央一号文件及相关文件都对乡村振兴提出了明确要求。

实现乡村振兴，必须明确目标。乡村振兴战略，必须体现“富、学、乐、美”的内涵，要紧紧围绕发展现代农业的总目标，按照“以人为本、因地制宜，尊重自然、突出特色，政府引导、群众参与”的思路，坚持“以县为主、农民主体、规划先行、生态优先、分类指导”的原则，突出重点，抓好示范，整合资金资源，集中力量，以项目为载体，加大投入，推动农村综合发展，成为产业发展、生态改善、社会和谐、乡风文明、设施配套的美丽乡村，实现“农业强、农民富、农村美”。

实现乡村振兴，必须明确重点建设内容。（1）实施“环境整治工程”，积极开展基础设施建设和村容镇貌整治，不断改善乡村面貌，提升农民居住品质，打造美丽宜居乡村。清理农村生活垃圾，治理农村生活污水，集中实施村组道路绿化亮化，落实“户分类、村收集、乡转运、县处理”的垃圾分类模式，实现城乡垃圾收集转运网络全覆盖。（2）实施“产业提升工程”，坚持现代农业发展定位，优化产业布局，推进结构调整，深化农业供给侧结构性改革，大力培育龙头企业，培养致富带头人，提升现代农业发展水平。（3）实施“社会建设工程”，加强农村社会管理，完善农村公共服务体系，探索乡村治理新模式，发挥各类人才在乡村治理中的作用，加强农村法治建设和精神文明建设，促进农村社会稳定。（4）实施“文明新风工程”，加强生态文明知识普及教育，开展内容丰富、形式多样的群众文化活动，引导农民树立生态文明新风。（5）实施“强基固本工程”，扎实推进农村基层组织建设，充分发挥农村基层党组织在乡村振兴中的战斗堡垒作用，为乡村振兴筑牢基础。

实现乡村振兴，必须强化工作措施。（1）抓好生态引领，以生态文明理念引领乡村振兴规划建设，完善区域国土空间规划、村镇规划和其他各类规划，突出乡村的生态特色、形态特色、文化特色、产业特色，指导美丽乡村建设。（2）抓好融合发展，将乡村振兴建设与城镇化、工业化有机联系，通过对乡村生产生活功能、现代服务功能的提升和完善，实现农业与旅游产业、加工产业等其他产业的相互渗透、相互融合、互动发展，增强农村可持续发展的动力。（3）抓好城乡一体，统筹推进农村路网、电网、供水网、互联网、公交网、垃圾、污水收集处理网等基础设施建设以及幼儿园、医院、学校、图书馆、体育场、便民服务中心等公共服务设施建设，推动优质教育、文化、卫生等资源向农村汇集，提高城乡共享水平。同时，创新体制机制，把城市要素融入农村，把农村资源引入城市，让城市要素和农村资源产生价值交换，带动农民增收致富。

“民族要复兴，乡村必振兴。”习近平总书记指出：“全面实施乡村振兴战略的深度、广度、难度都不亚于脱贫攻坚”。从深度看，脱贫攻坚主要解决农村贫困人口“两不愁三保障”问题；全面实施乡村振兴战略着眼解决发展不平衡不充分问题，全方位改善提高乡村发展条件和发展能力，促进农业高质高效、乡村宜居宜业、农民富裕富足。从广度看，脱贫攻坚集中解决现行标准下农村贫困人口脱贫、贫困县摘帽问题；全面实施乡村振兴战略，要求东中西部全域推进，立足农业农村现代化总目标，推进乡村产业、人才、文化、生态、组织等全面振兴，着力让广大农民群众共享现代化成果。从难度看，脱贫攻坚主要是咬定既定目标，打攻坚战、歼灭战；全面实施乡村振兴战略需围绕总要求，着力缩小城乡差距，力争用3个五年规划期让农业农村在现代化进程中逐步赶上来。

乡村振兴要从七个方面作出重点部署：

（1）加快发展乡村产业。产业兴旺是乡村振兴的重要基础，是解决农村一切问题的前提；（2）加强社会主义精神文明建设。乡村不仅要塑形，更要铸魂；（3）加强农村生态文明建设。生态宜居，是乡村振兴的内在要求；（4）深化农村改革。全面推进乡村振兴，必须用好改革这一法宝；（5）实施乡村建设行动。全面建设社会主义现代化国家，既要建设繁荣的城市，也要建设繁荣的农村，要加强农村基础设施建设，注重保护传统村落和乡村特色风貌，加强分类指导；（6）推动城乡融合发展见实效。做好乡村振兴战略这篇大文章，必须走城乡融合发展之路，把县域作为城乡融合发展的重要切入点，强化基础设施和公共事业县乡村统筹，赋予县级更多资源整合使用的自主权；（7）加强和改进乡村治理。治理有效，是乡村振兴的重要保障。

第8章　相关案例

与乡村建设相关的案例较多，各地都有许多成功的经验，受篇幅所限，不一一列举。本章仅列出了乡镇国土空间总体规划、传统村落保护利用、村庄整治规划、示范镇建设、脱贫攻坚示范村、省级乡村建设行动实施方案6个案例，供读者参考。

8.1　乡镇国土空间总体规划

以福建省南平市建阳区回龙乡国土空间总体规划为例。

2021年，中国城市发展研究院承接了福建省南平市建阳区回龙乡国土空间总体规划的编制任务，该院迅速组织规划团队，深入回龙乡调查研究、广泛收集相关资料，按照《乡镇国土空间总体规划编制技术指南》，全面启动回龙乡国土空间总体规划的编制。

回龙乡距区政府所在地约33km，全乡国土总面积201.85km^2，辖12个行政村，总人口13934人，2020年国民生产总值10.37亿元，财政收入849万元。

回龙乡国土空间总体规划主要内容：

（1）区位分析。该乡地处福建省南平市东北部，属于山区乡镇，与政和、浦城、武夷山等县（市）相邻，距武夷山机场约48km，宁武高速公路穿境而过并设有互通出入口，205国道纵贯南北，交通比较方便。

（2）资源禀赋。该乡自然资源较丰富，境内森林、毛竹、茶叶、果树等漫山遍野，森林覆盖率达80%以上，“八山半园一分田”，农业发展潜力较大；“解放军入闽第一战”纪念园、众多寺庙、古建筑群、山水田林等旅游资源尚待开发。

（3）上轮规划评估。回龙乡集镇总体规划于2012年编制完成，目前用地规模基本符合规划预测，空间结构基本达到预期，人口趋于下降，行政、教育、体育等设施较齐全，镇区干路基本形成，支路有待完善，文化、社会福利设施建设进展缓慢。

（4）规划目标定位。全国农业产业强镇，区域性农产品物流集散枢纽，建阳农产品全产业链融合发展先行区，兼顾发展生态旅游的闽北山水魅力之乡。近期到2025年，高效现代农业产业体系初步构建，农业产业化结构优化调整，美丽乡村治理卓有成效，人居环境整治取得阶段性成果；远期到2035年，乡村振兴取得决定性进展，农业农村现代化初步实现；远景展望至2050年，乡村全面振兴，农业强、农村美、农民富全面实现。

（5）全域国土空间规划。一核：以回龙乡集镇为中心的公共服务和产业发展核心；一轴：依托205国道的城乡发展主轴；多点：乡域范围内建成3个中心村和8个基层村；六廊：以南浦溪为主要水域的6条水生态走廊；八区：集镇综合服务区、2处农业发展区域、5个生态保护区；两屏：乡域东西两侧深丘构筑的生态屏障。

（6）自然资源利用与保护。统筹山水林田湖草系统治理，全方位、全地域、全过程开展生态文明建设。全乡农用地为19367.09hm^2，水源涵养区466.86hm^2，水土流失重点防治区7.4hm^2，草地94.01hm^2，林地17478.59hm^2，耕地保有量1558.36hm^2。适度开发地热资源，发展温泉度假产业；优化存量建设用地，盘活农村闲置用地。

（7）国土综合整治与生态修复。以生态服务价值引导整体修复目标，坚持“以生态树为整体、区域为单元、山区保护、平原修复”的原则，统筹山水林田湖草生命共同体。梳理水生态保护、水源涵养林品质提升、矿山整治、农业生态四大类具体修复工程项目，进行生态修复。整治农用地860.58hm^2，旧村复垦13.46hm^2。

（8）产业发展规划。构建乡村产业体系，推动第一、第二、第三产业融合发展。稳住粮食、竹木、食品加工等传统产业，发展蛋鸡、蓝莓、食用菌、鳗鱼等新兴农业产业。建设生态农业产业园、果蔬大棚、鳗鱼深加工等项目，建立以农产品加工+电商物流产业为支撑，并以休闲旅游+农业观光为配套的产业体系。

（9）品质提升与特色塑造。提升乡域通村道路，将原有的3～4.5m宽道路拓宽至6m以上。沿南浦溪河岸修建一条旅游观光游步道，规划建设停车场9处。以保留现有当地民居风格为基础，修旧如旧，保护历史建筑，保持老街整体风貌。新建解放军入闽第一战纪念馆、均中村坑下3A级乡村旅游开发等项目。

（10）镇（乡）村体系布局。以集镇和12个行政村为基本单元，规划形成“一核一轴五片区”的乡村体系布局。一核为集镇，一轴为205国道轴线，五片区为北部工业园区、滨水休闲区、老城居住区、东部公园观光区、南部综合服务区。

（11）集镇规划。以205国道为主线，规划工业大道和302省道为集镇干道，完善集镇路网规划，镇区建设用地至2035年控制在99.89hm^{2}以内。识别镇区最具有保留价值的山体，结合绿地布局相关要求，构建“休闲景观溪湾、历史风貌古街、民俗文化巷坊、红色文化浮墙、中心邻里游园、古韵叶氏宗祠”的魅力空间。扩建集镇自来水厂、垃圾处理厂，在每个村设置垃圾集中收集点，垃圾由镇区统一收集处理。在集镇设置小型污水处理厂（站），生产生活污水集中处理。治理地质灾害隐患点4处。

（12）规划实施。落实上位国土空间规划主体功能区定位、三条控制线、用途管制分区、约束性指标等内容，指导城镇开发边界内的控制性详细规划、城镇开发边界外的村庄规划编制，建立“用途、结构、边界、名录、指标、清单、时序”多方式传导管控体系。创新政策机制，推动对外开放、人才引进、产业发展、土地政策等领域的政策创新，确保规划的实施。

8.2 传统村落保护利用

以江西省抚州市中国传统村落集中连片保护利用实施方案（2020～2022年）为例。

为贯彻落实习近平总书记关于把传统村落保护好和改造好的重要指示精神，落实党中央、国务院关于传承发展中华优秀传统文化的有关要求，强化地方主体责任，从保护、利用和传承三个环节加快推进抚州市传统村落保护利用工作和可持续发展，探索中国传统村落的发展路径，示范引领，弘扬中华优秀传统文化，特制定抚州市中国传统村落集中连片保护利用实施方案。

（1）基本情况

抚州地处江西东部，长江中下游的江南丘陵地带，建置2200多年，历史上农业发达，商贸兴盛，具有独特的地域文化——临川文化，素有“赣抚粮仓”“才子之乡”“文化之邦”的美誉。

抚州是全国传统村落资源相对丰富的地市之一，共有96个中国传统村落，其中：临川区12处，东乡区2处，广昌县1处，乐安县9处，金溪县42处，宜黄县3处，南城县10处，南丰县7处，黎川县3处，崇仁县4处，资溪县3处。

（2）总体思路

贯彻落实党中央、国务院关于传统村落保护利用相关要求，按照乡村振兴战略要求，突出乡村整体、综合性发展，整合农村人居环境整治、美丽乡村建设等各种乡村资源，结合抚州市实际，发展旅游、休闲、康养等产业，推动抚州市乡村面貌的改善，探索建立传统村落保护利用实施路径及长效机制，增强传统村落生命力，增强当地居民获得感，实现持续健康发展，传承优秀传统文化。

坚持创新、协调、绿色、开放、共享五大发展理念，紧紧围绕传统村落集中连片区域保护利用示范要求，将抚州传统村落保护利用与乡村振兴战略、生态产品价值实现机制试点、全域旅游规划相结合，以传承弘扬临川文化为核心，重点开展集中连片传统村落保护发展，以发展促保护，以发展强保护，努力实现传统村落活态保护、活态传承、活态发展，成为“绿水青山就是金山银山”重要思想的实践样本和全国传统村落集中连片示范的抚州样板。

（3）集中连片区域划定

划定以金溪为中心的抚北传统村落聚集区、以乐安流坑为中心的抚西传统村落聚集区、以南城尧坊为中心的抚中传统村落聚集区，以及少量散布在其他区域传统村落。

抚州传统村落的保护利用分三类进行：1）核心类，即在集中连片区内选取具有一定规模、整体风貌完整、历史文化资源特色突出、现状保护利用基础较好、交通较为便捷的村落，进行重点打造和利用。积极引进社会资本和运营主体，在有效保护的基础上，发展多种业态，打造成新的经济增长点；2）重点类，即选择整体风貌较为完整、乡村资源和发展条件较好，能够结合各县区产业特色发展的村落。加强老屋维修、综合整治提高人居环境，培育发展特色产业，实现传统村落在发展中促进保护；3）一般类，对于规模较小、传统建筑破损较为严重、基础较差的村落，受客观条件约束，暂时无法进行深度利用的，以保护整体格局、抢救性修复传统建筑为主，重点做好传统村落保护和村庄环境整治、文物古迹修缮、传统建筑维护改善，确保传统村落得到有效保护。

（4）保护利用方式、路径与措施

保护利用方式：将分片区集中连片的传统村落群作为一个整

体进行统筹保护，突出展现抚州传统村落“没有围墙的古村博物馆”的恢弘、震撼气势。因村制宜谋划传统村落的保护性发展，个体村落以问题为导向，针对性提出保护措施，展现古村落的多样性。

工作路径：“示范带动，一村一品，接二连三,三产融合”。整合利用好传统村落保护资金，做好传统村落的保护利用示范工作，带动民间资本，按照一村一品、接二连三，第一、第二、第三产业深度融合的发展思路，培育发展特色产业，完善传统村落自身造血机能，打造历史文化传承有序、环境优美、特色产业兴旺的传统村落示范区，同时引领其余片区的保护利用。

对策措施：1）与乡村振兴战略相结合。突出乡村整体、综合性发展，实现共赢的新模式，坚持保护与发展并重的原则，积极推动文化与乡村产业融合发展。2）与全域旅游相结合。把传统村落变为景区，形成“大景区古村落群”，以“全域景区”为理念搭建旅游框架，把旅游配套设施、村庄公共设施、市政设施合并利用，村与村之间统一服务区、统一基础设施，统一标识，以全域模式统筹各方资源。3）与生态产品价值实现机制试点相结合。将古村古建保护利用与生态产品价值实现机制试点相结合，积极探索实践传统村落保护新模式。4）与农村人居环境整治、美丽乡村建设相结合。使传统村落在文化传承的基础上更好地发展成为美丽乡村，带动乡村旅游的发展；乡村旅游的发展赋予传统村落文化保护以新的生命力，使传承与发展形成良性互动。

（5）目标任务

保护目标：完成抚州市传统村落保护发展总体规划和各个传统村落保护发展规划编制；中国传统村落历史环境风貌和传统建筑等资源得到有效保护；在保护的前提下，完成人居环境、基础设施和服务设施现代化的改造，生活条件得到显著提高，火灾隐患和险情普遍得以控制；建立完善的传统村落保护管理机制。

发展目标：促进统筹新型城乡关系，促进第一、第二、第三产业融合发展，创新发展理念，培养传统村落发展的新动能，加快农业发展布局的结构性改革，增加村落的内生发展动力，使得村落遗产得到多渠道的利用、活态传承，带动区域整体发展和乡村振兴。

主要任务：2020～2022年重点打造金溪县游垫村、后龚村、竹桥村、全坊村等村落，资溪县上傅村，东临新区洪塘村，临川区河埠周家村，东乡区浯溪村，乐安县流坑村、湖坪村、稠溪村，南城县上唐村，南丰县洽湾村，黎川县中田村、洲湖村，广昌县驿前村等村落，带动52个传统村落的保护发展。

（6）实施内容

实施规划设计全覆盖。从抚州市传统村落保护发展体系规划编制、传统村落保护和发展规划编制、村庄设计、农房设计等全方位入手，强化规划落地、项目实施、农民建房全过程监管，确保保护工作的科学性、有效性和可操作性。

2020年完成传统村落普查工作，登记传统村落的数量、种类、分布、现状等情况，建立传统村落保护管理信息系统，按照一村一档的要求制作传统村落电子档案，明确村落保护内容和实施步骤。在传统村落主要出入口设置标志牌。

保护山水格局，即保护传统村落内自然植被、山体绿化、河流水系及河塘沟渠，维护好与传统村落相互依存的自然景观和环境，管控好传统村落周边视线通廊。

对构成传统村落历史风貌的村墙、村（堡、寨）门、牌坊、古塔、园林、古桥、古井、古树、村巷、古道、石阶、铺地、排水沟及其附属物等重要历史环境要素进行认定，实行挂牌保护。制定历史环境要素保护计划；保护修缮应采用传统技术、传统材料，并在专家指导下组织实施。

在对村落建筑的质量、风貌、结构、层数和年代等因素的综合调查、分析评价的基础上，针对传统建筑的保存现状（完好、基本完好、破损、破损严重），分别提出改善、维修（维护、加固）、抢修等方式加以保护。

鼓励在符合消防安全的前提下，利用和改造传统风貌建筑开设博物馆、陈列馆、纪念馆、非物质文化遗产传习、展示场所和传统作坊、传统商铺、民宿等。

依据传统村落保护发展规划、基础设施改造设计，为村落活化提供保障。在最大限度发挥传统村落内现有各类设施功能的前提下，结合乡村振兴、全域旅游、美丽乡村建设，统筹开展基础设施建设，整村推进，分步实施。逐步完善村内道路、给水排水、电力电信、环境卫生等设施，改善传统村落生产生活条件，提升防灾减灾能力，优先实施农村污水处理设施和城乡供水一体化工程。

1）道路改造：在保护传统村落道路历史格局和空间尺度的基础上，整治和完善村落村内的现状步行道，采用传统的路面材料及铺砌方式进行整修；在村落外围形成环形车行道，保障消防、救护、运输需要。村内主要车行道和步行道沿线设置路灯，路灯形式与村落整体景观相协调。

2）给水排水系统建设：城市近郊有条件的传统村落实施城乡供水一体化工程；不具备条件的，加强水源保护，确保水体清洁，水质安全达标；对传统村落内的供水管道进行改造，保障村民日常用水需求。传统村落实行雨污分流制，雨水利用村落内明沟暗渠进行收集，用于稻田莲田灌溉、池塘蓄养；生活污水进行无害化处理后给予综合利用，或将收集的污水送入排水管网。

3）电力电信建设维护：结合农村电网改造，对年久老化的电力电信线路进行维护改造，减少火灾隐患，尽量采用隐蔽式埋设。全面解决传统村落用电重过载、低电压问题，实现智能电表、数字广播电视、宽带网全覆盖。

4）垃圾污水收集处理：采用“户分类、村收集、镇转运、市处理”的垃圾收运模式，无害可回收利用垃圾由农户自行处理，不易处理及有毒有害垃圾分类投入垃圾箱，由村落内环卫工人将垃圾收集至垃圾收集点，再由村委统一负责垃圾转运。配套适宜的污水处理设施，力争污水处理率达到100%。设置垃圾箱、转运站，其设施外观、色彩要与传统村落风貌相协调。

5）环境绿化美化：在村落环境整齐干净的基础上，在村道、河流以及其他开放空间，进行绿化美化。村口景观要体现村落特色与标志风貌；水体景观要改善水质环境，尽量采用生态驳岸，周边种植亲水植物，丰富滨水景观；道路两侧、宅院周边绿化要品种适应，尺度适宜，以本地品种、乡土材料为主，注重保护古树名木；庭院充分利用旧砖、旧瓦、旧木料，砌修矮围墙，打造微田园、微花园、微菜园、微果园，营造户户皆美景的环境效果。

6）公共厕所建设：在主要村道、人流集中场所设置公共厕所，并设置相应的化粪池，做到无害化处理。沿街设立醒目标志，安排专人管理，在满足使用的同时体现良好的环境卫生面貌。公厕形式、色彩应与传统村落整体风貌相协调，周边植乔灌木对公厕进行遮挡。

7）防灾安全项目：完善消防设施建设，设置室外消火栓、重要传统建筑内配置手提式灭火器。对所有地质灾害隐患点进行监测预警，以防为主，防治结合，综合治理。委托专业单位对传统村落内文物保护单位、历史建筑和传统建筑进行评估，并按照评估结果制定防雷方案。定期对传统村落的农田及山林进行病虫害监测和防治，定期对传统村落内部全部建筑特别是木结构建筑进行检查，通过喷洒药剂或熏蒸的方法进行虫害治理及预防。

8）特色产业培育：利用传统村落资源优势，“一村一品”培育特色产业。结合县区产业特色和传统村落的乡村资源，发展生态特色产业。一是基于本地的产业发展传统种养殖产业、特色农业和传统手工加工业，带动乡村经济发展；二是积极引入社会资本（企业、社会组织、乡贤、村民等），发展文旅休闲产业；三是利用互联网、物联网等现代技术，形成“互联网+传统村落”的产业发展态势，激发传统村落的生机与活力，提高村民和村集体经济收入。

（7）资金筹集

1）中央传统村落保护利用专项资金，用于基础设施与公共设施现代化改造，对民间资本投资改造传统村落按投资额给予适当奖励等。

2）地方专项资金，整合省级乡村振兴战略、人居环境整治、美丽乡村建设资金以及公路、水利等各项资金；将传统村落保护利用所需的经费列入市、县（区）财政预算，设立传统村落保护利用的地方专项资金，用于传统村落的保护利用。

3）社会资本，拓宽资金渠道，加大资金的投入力度。结合相关的地方配套政策，优化社会资本进入的机制和模式，用于传统建筑的保护与改造。

4）争取发行“传统村落保护利用”专项债券，募集保护利用资金；争取中国文物保护基金会拯救老屋专项资金；加强与深圳文化产权交易所的深度合作，搭建古村古建线上线下交易平台，积极开展“信用+经营权”抵押贷款，采取“古屋贷”等创新模式，鼓励、引导各级各类金融机构对传统村落保护项目提供信贷支持，带动社会资金投入，用于传统风貌建筑改造利用、传统村落的整体发展。

（8）政策支持

1）开展土地政策和试点、产权制度改革试点、创新用地供给。通过政府收购、村集体土地置换以及文物和历史建筑的土地置换，给予相应的支持政策和用地保障。

2）税费政策支持。对参与传统村落保护利用的相关企业和主体严格执行中央和地方出台的各项现行减税降费政策；符合规定的相关企业和主体，在工商管理部门注册登记之日起3年内免管理类、登记类、证照类等行政事业性收费。

3）金融信贷支持。积极推进传统建筑、传统民居的确权工作，采用市场化的运作方式，创新“古屋贷”等信贷模式，积极开展“信用+经营权”抵押贷款试点，集中信贷资源发放“传统村落金融贷”。鼓励、引导各级各类金融机构对传统村落保护项目提供信贷支持。

（9）保障措施

1）完善组织机制，明确部门职责，强化组织保障。成立抚州市传统村落保护利用领导小组，下设办公室，明确相关单位职责和分工。有关县（区）、乡镇也要成立相应机构，具体负责当地中国传统村落保护利用工作。建立并落实传统村落保护利用工作联席会议制度，研究解决重大问题，提出政策建议和工作思路。有关部门要按照职能分工，加强协调，密切配合，共同推进。

2）建立奖惩考核机制。加大对传统村落保护利用工作的督查力度。领导小组办公室牵头对各县区各部门履行职责、工作推进力度、任务完成情况进行督查，及时掌握进展情况，对不认真履行职责、工作明显滞后、成效不明显的县（区）、部门进行约谈和问责，并定期组织表彰、奖励为传统村落保护利用工作作出贡献的部门和个人。

3）建立宣传动员机制。加大传统村落保护的宣传教育力度，提高公众对传统村落历史价值和文化内涵的认识，培养公众对传统村落遗产的保护意识和文化自觉。充分发挥电视、广播、报纸、互联网等各类媒体的宣传主阵地作用，力求利用社会化手段，全媒体、多渠道、高频度对全市传统村落保护利用进行宣传动员，扩大公众参与范围和深度。

4）建立社会共同参与机制。充分发挥政府、社会和公众力量，建立政府引导、公益组织、企业和个人共同参与的传统村落保护利用机制，积极引导、鼓励社会力量参与传统村落保护利用工作。

5）建立统筹协调机制。统筹推进传统村落与乡村振兴战略、人居环境整治、美丽乡村建设等工作。探索建立村民自治、企业履约、政府监管“三位一体”的“有制度、有标准、有队伍、有经费、有督查”的长效管护机制。为传统村落保护利用试点提供可借鉴、可推广的经验。

8.3 村庄整治规划

以江西省高安市八景镇上保蔡家村村庄整治规划为例。

该整治规划2005年由江西省城乡规划设计研究院编制，按照国家标准《村镇规划标准》GB 50188—1993进行，并参照了《新农村建设村庄整治技术导则（讨论稿）》，且严格按审批程序进行了审批，执行情况良好。该规划成果曾获得建设部颁发的2007年度全国优秀城乡规划设计（村镇建设规划）一等奖。

（1）规划背景

党的十六届五中全会认为，建设社会主义新农村是我国现代化进程中的重大历史任务，要按照生产发展、生活宽裕、乡风文明、村容整洁、管理民主的要求，扎实稳步地加以推进。

村庄整治是社会主义新农村建设的核心内容之一，是惠及农村千家万户的德政工程，是立足于缩小城乡差别、促进农村全面发展的必由之路。加强村庄整治工作，有利于提升农村人居环境和农村社会文明，有利于改善农村生产条件、提高广大农民生活质量、焕发农村社会活力，有利于改变农村传统的农业生产生活方式。

村庄整治工作要紧紧围绕全面建设小康社会目标，一切从农村实际出发，尊重农民意愿，组织动员和支持引导农民自主投工投劳，改善农村最基本的生产生活条件和人居环境，促进农村经济社会全面进步。村庄整治要充分利用已有条件，整合各方资源，坚持政府引导与农民自力更生相结合，完善村庄最基本的公共设施，改变农村落后面貌。

（2）工作意义

1）开展村庄整治规划工作，是对新农村建设模式的有益探索和实践。

2）开展村庄整治规划工作，是坚持科学发展观在新农村建设实际工作中落实运用的具体表现。

3）开展村庄整治规划工作，是推进实现城乡一体化，大力改善和提高农村人居环境、农民生活质量的有力举措。

（3）建设目标

通过整治规划与行动计划的实施，将蔡家村建设成为生态、环保、明秀、和谐，可持续发展的社会主义小康文明新农村的典型示范村。

生态：由山体、水系、林木、野生动植物、田园、村庄等构成自然生态系统单元，形成最基本系统单元生态的良性循环能力，同时达到资源、能源节约的要求。

环保：确保村庄水质洁净，空气清新，无烟尘、水体、噪声及垃圾污染，无地方性疾病，做到人畜分离，环境整洁卫生，各项环境质量指标均达到人居生活优质标准。

明秀：村庄内外及周边山清水秀，田园多姿，茂林修竹，果树飘香，民居错落，乡风淳朴，景色明丽，情趣怡然，成为颇具地方风情特色的新型农民自然村落。

和谐：在以人为本的宗旨指导下，全面体现出人与人之间人际关系的和谐，人与自然、村庄与环境之间的协调与和谐，村民生产活动与文化生活的和谐，传统民俗与现代时尚的和谐，处处呈现出一派自然、文明、健康、和谐的景象。

可持续发展：自然与人文生态的可持续发展，农业生产及整体经济的可持续发展，村民物质生活与精神文化生活的可持续发展，农村社会和谐稳定的可持续发展。

（4）村庄现状

蔡家村位于八景镇西南5km，素有八景镇“西大门”之称。

主要对外公路有高（安）胡（家坊）公路。

蔡家村现有村民住户61户，人口220人，其中劳动力112人，拥有耕地401亩。农业生产主要经营水稻、经济作物，兼有果业、养殖业等。2004年全村总收入115万元，其中农业收入66万元，外出打工收入49万元，人均纯收入3296元。尚有无劳动力五保贫困户1户。

全村现有各类房屋建筑面积8337m^2，其中居住用房建筑总面积7101m^2，户均居住用房建筑面积137m^2。村内道路总长1130m，集中排水沟（渠）2条，长160m。村中生活饮用水目前尚无自来水，主要由各户采用传统手压式水井供水。

村民受文化教育状况较好，全村初、小学入学率达100%，村民中无文盲。

（5）规划原则

1）引导从事第一产业的农村人口在村庄集中居住，鼓励从事第二、第三产业的农村人口进镇居住，推进城镇化进程。

2）加强村庄环境整治，坚持人与环境的和谐，贯穿生态理念，体现文化内涵，反映区域特色，并与土地利用总体规划、基本农田保护规划、城镇体系规划以及交通、水利等规划相衔接，实行田、林、路、河、住房、供水、排污等综合治理。

3）村庄规划的生活、生产区布局合理，体现乡村特点，做到实用性与前瞻性相统一。

4）节约用地，保护耕地，引导农民相对集中建设住房。规划既要与土地整理结合，集约利用土地；又要与八景镇产业园区建设、产业开发等相结合，改善投资环境，培育新的经济增长点。

5）村庄整治要贯彻资源优化配置与调剂利用的方针。提倡自力更生、就地取材、优质高效，少投入、多办事。村庄整治项目的实施过程及其结果，均应充分体现节地、节能、节水和节材的“四节”方针。

（6）现状问题

1）村庄建设布局散、规模小、建设乱，不仅影响了农村的景观，而且也影响了土地的集约利用和农业的规模经营。

2）村庄环境“脏、乱、差”问题突出，存在路面不硬、四旁不绿、路灯不亮、垃圾乱倒、污水乱排、电线乱拉等现象。

3）村庄内的基础设施和服务设施滞后，村内道路、给水、排水、通信等基础设施配套性、共享性差，教育、文化、卫生等设施落后。

（7）整治规划

1）人口规模和用地规模。村庄现状人口220人，以自然增长率9‰计，同时考虑附近新蔡组向蔡家的集中，则规划期末全村人口约为240人。现状村庄人均建设用地为130.90m^2，按照规范要求和整治目的，规划人均建设用地适当下调，为127.08m^2。村庄建设用地规划为3.05hm^2，控制范围面积为3.93hm^2。

2）整治规划布局：结合自然地理环境，因势利导将村庄建设于林木环绕之中，将竹林绿地融入村庄建设之中，达到人、自然、村庄三者之间情景交融、和谐共处的目的。规划根据村庄现状建筑实际，对现有用房按保留、整治、拆除三种方式分类处理，对不满足通风、采光、消防等规范要求的用房进行合理重组。环村路为村庄对外联系的车流通道，沿线布置停车场地；人流通过景观步道到达各居住组团，共同构成村庄人车分行、互不干扰的流线框架。村庄拟新建文化活动室1栋、管理用房1栋、集中式牛栏4栋、公厕2座、农机具用房1座、水池（塘）1座，改建变电房、商店各1座。在文化活动场地上安排必要的健身活动器材，另设一篮球场，与大晒场合设。村级经济发展用地和生产设施用地结合实际统筹考虑，规划在村西和中部安排一大一小两个晒场，既方便使用，又可供儿童游戏和临时停车用；同时，结合晒场安排一处农机具用房。村庄外环境风貌整治主要包括村庄对外联系道路的改造和维家塘水库旅游休闲中心的开发。

3）景观整治。以景观步道为观赏廊，两侧形成以建筑为主体的人文景观和以绿化为主体的自然景观。

4）绿化整治。村庄绿化树种以蔡家村本地长势较好的柑橘、沙枣、桃子、李子、柿子、柚子、板栗等果树为主，根据不同地段的地质地貌、环境特点和功能定位，因地制宜，以构成丰富多彩的植物景观和营造良好的生态环境为原则，进行不同的平立面造型组合，包括乔木、灌木、地被植物等。

5）道路竖向规划：方便人们生活，节省投资，尽可能减少土石方量；有利于地面排水；满足各项工程管线的布置要求。根据现状地形，在减少土石方量、满足道路排水要求的前提下，道路纵坡控制在0.3%～2.5%之间。根据地面排水的要求，各建筑室外地坪标高至少高出宅前道路标高0.2m，室内地坪标高至少高出室外地坪标高0.2m。

6）给水排水规划：规划近期内建设自来水设施，采用地下水建水塔集中供应各家各户。村内生活粪便、污水经沼气池处理，沼气池内的废液收集后用于肥田，雨水和洗涤废水直接排入排水管道，就近排入小溪或公路边排水沟内。

7）电力电信规划：用电量标准按10kW/户计，公共建筑用电量按100W/m^2计，村内总户数67户，公共建筑面积为903.42m^2，同时使用系数取0.7；则村内用电负荷为532kW。规划10kV电缆线由原10kV电力线路接入，由变配电房出三回线路向村内供电，变配电所主变容量为630kVA。村内电话容量预测按住宅以1门/户计，公共建筑面积以1门/100m^2计，则村内电话需求量为76门；规划设1个电话电缆交接箱，容量为100门，同时预留有线电视的管孔数。

8）主要技术经济指标：村庄规划建设用地3.05hm^2；规划总户数67户；规划人口240人；总建筑面积13412.53m^2，其中，住宅建筑面积12509.11m^2，公共建筑面积903.42m^2，容积率0.44；规划期末共拆除大小房屋56栋，其中居住用房22栋，附属用房

27栋，公路沿线整治拆除7栋。

（8）整治行动计划

1）道路交通：对内对外交通分开。过境道路不穿越村庄，村庄内部道路自成系统，主次分明，通畅便捷。村庄道路路面硬化，村内主要道路采用水泥混凝土路面，路宽5m，路长190m；硬化巷道及宅前路，路宽2.5m，路长1450m。在村口及主要道路路侧设置公用机动车停车场，面积180m^2，共9个停车位。沿村庄内主要道路设置路灯，每盏间距30～50m，共12盏，采用节能灯照明。

2）给水设施：建设集中式供水工程，水源采用地下水。给水管材采用PVC管材，主干管：*DN*100，301m；*DN*50，318m，在支路上均预留接水口，管道覆土深度不小于0.7m。规划在主要道路上布置消火栓，间距不大于120m。采取供水入户，计量收费的方式，节约用水，维持给水工程的运行。

3）排水设施：村庄排水逐步过渡到雨污分流。污水逐步实现由管渠统一收集，并与周边村庄污水汇集，集中处理。村庄雨水结合道路整治，建造管渠或修整道路边沟，及时收集排放。排水管管材采用钢筋混凝土圆管，覆土厚度不小于0.7m，管道采用管顶平接。

4）粪便处置：加强对公共旱厕、家用旱厕、禽畜饲养粪便的管理和处理，通过采取限定范围、密闭运送、定点收集和某些技术手段等方法，杜绝粪便对环境的污染和对健康的危害。

5）垃圾处置：倡导垃圾分类，生活垃圾及其他垃圾均及时、定点分类收集，密闭贮存、运输，最终由垃圾处理场进行无害化处理。

6）减灾防灾：根据村庄周围的地形地势，采用“避”“抗”等有效措施，杜绝由于火灾和洪水、飓风等自然灾害对村民生命财产安全构成的威胁，完善消防体系。

7）特色保护：保护村庄内遗存的古树名木，在树下设置围护设施，并适当配置休憩座椅，增加户外活动空间。新建建筑，其形式、材质、色彩均应与村庄原有建筑风格相协调统一。在进村道路入口处设村口标志，题写村名和标定村庄界线，反映村庄历史及传说，名人志士典故等。沿路设置具有导向性的路牌、绿化、灯杆或园林小品。

8）生活居住环境：住宅设施建设要求住房宽敞、清洁卫生；居住环境要求整洁、有利生产、方便生活。要着重整治村庄两头占地和占房的“空心村、空壳房”现象，通过村庄整治达到节约用地的目的。

9）公共活动场所：建设村庄文化广场，铺装地面、配置健身器材、宣传橱窗、阅报栏、旗杆、灯光和座椅等。在村东水塘边设置水塘广场，周边建设日用商品代销点，塘中蓄水，水中养鱼，堤岸植树，树下配置座椅，改善堤岸亲水环境。建设公共活动室，建筑面积229m^2，配置电视、音响、DVD、图书等文化娱乐设施。

10）生态环境：绿化路旁、宅院及宅间空地，以种植经济林木（多品种果树）或观赏植物为主，总面积3700m^2。利用沼气池，各家各户屋顶设置简易太阳能热水箱，实现多种能源并举，逐步取代燃烧柴草与煤炭，以减少对空气和环境的污染。建设村北中心绿地，面积396m^2，以果树种植为主，树下铺装形成村庄公共休闲绿地。清理村庄东侧的河塘，使之面积达到1167m^2，清淤西侧的明沟，达到水质洁净，水面无漂浮物，消除蚊蝇滋生条件。改善水塘周边环境，扩大绿化面积，丰富村庄景观，改善村庄小气候，发挥其有效的生态功能。制定“门前三包”公约，将环境保洁与卫生责任落实到各户。

（9）保障措施

1）制定优惠政策。在蔡家村规划范围内建房，由镇政府无偿提供住宅设计和施工图纸，并给予一定的补助；占用非耕地建房的，免收一切税费。规划区内的通村道路按标准3.5m宽的，每公里补助2万元，通组道路宽度3m以上的，每公里补助1万元。鼓励和引导农民自发组建农村合作经济组织，大力发展农村经济，搞活产品流通，增加农民收入，凡新组建产前、产中、产后服务的各种产业协会，制定了章程，开展了活动，并有20人以上的协会组织，经核实后，由镇财政按协会规模大小给予适当的活动经费补助。

2）积极向国家、省、市及社会各界争取扶持资金和物资，促进村庄建设整治。向省、市对口的建设、交通、卫生、民政等部门争取资金。

3）坚持标准。要达到“八个一”要求，即有一个科学合理的规划、一个良好的居住环境、一项支柱产业、一条宽敞的公路、一套完备的信息网络、一套较完备的配套设施、一个过硬的村组班子、一个文明进步的村规民约。

4）明确目标。通过整治应达到人畜分居，空气清新，沟通路平，水电到位，沼气燃料，闭路到家，绿地草坪，环保清新，文化活动常有常新，休闲娱乐，益脑健身，公共设施普遍翻新，长效管理，机制创新。做到“五有四化”，即每户农家有一个整洁明亮的厨房，有一个水冲式厕所，有一个经济产业园，有一个沼气池，有一个环境较好的花园和一套宽敞舒适、人畜分离的小康农居；道路硬化、庭院净化、街道亮化和村庄绿化。

5）加强领导。村庄整治是一项涉及面广、任务艰巨的社会系统工程，直接关系到村民的切身利益和社会稳定。为确保村庄整治有组织、有计划、有步骤地开展，高安市、八景镇、上保行政村都要成立领导机构，加强领导，把村庄整治工作列入重要工作日程，列入年度工作目标考核内容。按照一级抓一级，层层抓落实的原则，主要由八景镇人民政府及蔡家自然村来负责组织实施村庄整治工作。八景镇应成立村庄整治工作领导小组，并调动电力、电信、广电、交通等相关部门积极参与配合，明确责任分工，使蔡家村整治工作具有强有力的组织保障。

6）组织验收。在符合群众要求的基础上，由镇政府组织验收队伍、村民监理小组、村庄规划建设助理员共同对整治规划改造建设的各工程项目进行统一竣工验收，并出具工程质量鉴定意见和竣工验收结论，质量符合合同要求方能付款，验收情况应及时向全体村民公布。

7）村民自治。根据《中华人民共和国村民委员会组织法》，在蔡家村由村民选举产生的村民委员会，作为村民自治的执行机构。依法制定村规民约及集体经济组织章程，审定村公共事务、公益事业及集体经济重大决策，审议村庄整治规划，监督村庄整治经费的使用。开展民主理财、民主管理、民主决策。在村民自治中重点把握好“三个环节”：一是“民定”，通过召开村民大会，讨论制定蔡家村的《村民自治章程》和《村规民约》；二是“民签”，在充分做好思想工作统一认识的基础上，让村民自觉自愿地签订村庄整治建设中权利与义务对等的协议书；三是“民管”，通过村民自治监理小组和村民自治评议会的形式，监管村庄整治规划实施情况，表彰好人好事，追究违约责任，建立村民互帮互助互管机制。逐步实现“理财民主化、管理程序化、监督制度化”。

8.4 示范镇建设

以江西省南昌市进贤县李渡镇为例。

进贤县李渡镇地处赣抚平原，镇域总面积40km^2，总人口5.87万人，辖14个行政村、1个社区、124个自然村；其中集镇建成区面积6.44km^2，常住人口3.3万人，城镇化率56.2%。

李渡镇始建于秦代末年，是有2000多年历史的文明古镇。镇区内出土的李渡烧酒作坊遗址面积1600m^2，揭露的文化堆积主要为元、明、清遗迹与遗物，被国家文物局评为“2002年度十大考古发现”，并于2006年入选为第六批全国重点文物保护单位。李渡老街为中国传统酿酒格局的古建筑，在这些老街上，清代乾隆年间集中了万隆、万盛、万茂、万祥、万义、福兴泰、福裕泰、福生、福隆9家私营酒业作坊，与我国传统酿酒的“前店后坊”格局相一致。专家称，在长约500m的街道里，设有这么多酒业作坊，还存留部分酿酒作坊和门面，这在全国是独一无二的。该镇交通便利，距县城27km，距省会南昌60km，梨温高速公路、福银高速公路、316国道穿境而过，各行政村、自然村均有公路相连接。

李渡镇经济基础较好，历来就有“焦石李家渡，打酒卖豆腐”之说。改革开放以来，该镇经济迅猛发展，其中较具特色的有：“一盆花”：李渡烟花，烟花集团产业提高机械化自动化水平，安全性能和生产效率发生质的进步，搭建烟花交易展示平台，打造本土品牌，成为亚洲地区最大的烟花生产企业，产品在世博会、亚运会、七城会、APEC等会议上大放异彩；“一根针”：医疗器械，“李渡牌”商标获中国驰名商标，医疗器械产业形成集群效应，全镇现有医疗器械生产企业57家，经营企业400多家，李渡人在外开公司办厂4000多家。益康集团、锦胜集团跻身全国医疗器械行业20强；“一瓶酒”：李渡高粱，早在20世纪60～70年代就赫赫有名，李渡酒业被评为江西省“老字号”，获中国驰名商标。目前，全镇已形成了以烟花鞭炮、医疗器械、李渡酒业为主导，文化用品、五金、化工、建材等为补充的产业新格局。2015年，李渡镇地区生产总值达30.11亿元，比上年增长0.11%；财政收入达1.11亿元，比上年增长6.3%；全社会固定资产投资达9.72亿元，比上年增长16%；农民人均可支配收入达15380元，比上年增长10.25%。入选“全国重点镇”“江西省小城镇建设示范镇”“江西省综合实力前100位乡镇”位居27名，“江西省产业升级前50位乡镇”位居第8名。

在强有力的经济支撑下，李渡小城镇建设快速发展。集镇基本形成了“七横七纵”的道路框架体系，其中七横为：爱华大道、李渡大道、益康南、北大道、国光大道、林春大道、抚河大桥对接路；七纵为：府前路、松徐路、李中大道、漯河路、南工业园区路、青石桥路、滨抚河路。风景优美的“李桐渠”横贯集镇中心，一个个新型住宅小区平地而起，全镇形成了“东部行政服务区、西部滨河风景区、南部商住休闲区、北部工业仓储区、中部文化娱乐区”五大城镇功能规划布局。同时南北工业区和医疗器械产业园区也初具规模。

作为江西省百强乡镇、全国重点镇、省示范镇，李渡镇抓村镇建设的主要经验和做法有：

（1）高度重视村镇规划工作。李渡镇历届党委、政府都非常重视规划工作，早在1986年，该镇就按照“规划高起点、建设高标准、管理高效益”的思路，聘请了江西省城乡规划设计研究院精心编制了镇总体规划和详细规划，并通过了专家评审、按审批程序报批。规划确定后能认真组织实施，一届接着一届干。镇区主要道路呈网状布置，主、次干道分明；房屋等建筑严格按规划审批，工业园区规范设置，市政公用基础设施按规划建设。2002年该镇又根据经济社会发展新形势，委托规划设计单位对原规划进行了修编，形成了《进贤县李渡镇总体规划（2002—2020年）》《李渡镇镇区控制性详细规划》等，以规划引领村镇建设和发展。

（2）加大小城镇建设投入。近年来该镇投资近亿元用于小城镇基础设施建设。投资1000多万元新建了一个占地面积约36000m^2、钢棚覆盖面积约达9000m^{2}的农贸市场；投资近2000万元完善村镇道路网，硬化道路面积达24.97万m^2；投资500多万元建设李渡、柴埠两座大桥；投资200多万元新增6000多米下水道；投资近1000万元安装高杆灯、路灯、椰树灯260盏，铺设彩色人行道板8000m^2，新增公共绿地3.2万m^2；吸引民间投资300多万元，兴建了日供水量5000t的自来水厂；投资1400多万元用于新建学校教学大楼、邮电大楼、信用社办公大楼、农行办公大楼等；新建幼儿园两座，建筑面积达1300m^2。完善的基础设施，不仅改变了集镇的面貌，而且极大地改善了投资环境，促进了当地经济的发展。

（3）高起点建设住宅小区。严格控制农（居）民在集镇规划区内分散建房，吸引市、县房地产开发商进镇开发商品住宅小区，并完善小区内的配套设施，创造优美的居住环境。近年来，该镇已建商品房1000多套，且销售前景看好。集中开发建设商品房小区，不仅使集镇能严格按规划建设，而且改变了农（居）民自建住房的传统观念，提升了小城镇建设档次。

（4）坚持建设与管理并重。一是建立机构，健全队伍。成立了由镇党委政府主要领导挂帅的小城镇建设领导小组，设立了村镇规划建设办公室，配齐了村镇规划建设助理员。二是严把审批报建关。镇区建设推行“一书两证”制度，村庄农民建房实行全镇“一支笔”审批。三是强化城镇管理。深入持久地开展了城镇环境综合整治，组建了城管、绿化、环卫队伍，落实了“门前三包”制度，生活垃圾日产日清、无害化处理。调动各方面的力量，共同抓好村镇规划建设与管理工作。

（5）着力保护好历史文化遗产。进一步保护挖掘李渡烧酒作坊遗址，在此基础上建设“李渡酒文化博物馆”，修建“万寿宫”，修复李渡老街，申报历史文化名镇。建设中洲休闲沙滩游乐城、抚河河滨绿地公园。适度发展乡镇旅游，增强第三产业的服务功能。

（6）大力推进村庄整治。以北田村为试点，全面推进村庄整治工作。编制村庄整治规划与行动计划，动员村民在村理事会的组织协调下，自觉拆除旧房破屋、猪牛栏圈，实行人畜分离；抓好“三清三改”，重点整治环境卫生和电话线、广播电视线、供电线；修建环村路，对村内小巷路面进行全面硬化；重建古戏台，修建村内4个小景观带和1个桥头休闲亭，建设村文化广场和文化活动中心，修建宣传长廊。完善基础设施，改变村容村貌。北田村村庄整治成果获得参加2005年11月建设部召开的全国村庄整治工作会议与会代表的一致好评。

8.5 脱贫攻坚示范村

以江西省井冈山市茅坪乡神山村为例。

神山村位于江西省井冈山市茅坪乡境内，黄洋界脚下，现有神山组和周山组两个村民小组，系“十二五”省定贫困村，全村共有54户231人，其中党员18人，贫困户21户50人。全村耕地面积198亩，山林面积4950亩，其中90%为毛竹林。

“神山是个穷地方，有女莫嫁神山郎，走的是泥巴路，住的是土坯房，红薯山芋当主粮，青年儿女流外乡……”一首顺口溜，勾勒了数年前地处井冈山深处神山村的全貌。

2016年2月2日农历南方小年，习近平总书记带着党中央的深情厚谊，亲临神山村视察，并发表了“在全面建成小康社会的征程中，不落下一个老区群众”的重要讲话，给予了神山村人民莫大荣耀和鼓舞。

近年来，神山村始终牢记习总书记嘱托，扎实开展“两学一做”学习教育，大力推进精准脱贫各项举措，做到了学习教育与精准脱贫深度融合。在井冈山市有关部门的精心指导和大力帮扶下，该村率先在全市推广“一证一簿”（产业股权证，贫困户登记簿）做法，紧紧围绕“四个一”（即“一户一亩竹茶果、一户一栋安居房、一户一个农家乐、一户一张保障网”）精准脱贫模式，大力推进产业扶贫，全村已发展茶叶200亩，黄桃260亩，雷竹30亩，全村21户贫困户每户筹集产业发展资金2万元入股到黄桃合作社和茶叶合作社；大力推进安居扶贫，全面完成全村37栋危旧房砌体加固改造，新建爱心公寓一栋；大力推进旅游扶贫，完成神山村旅游规划，全村已发展农家乐10户，从业人员近40人，与江西干部学院研发了一堂精准扶贫课纳入红色培训的教学计划。大力推进基础设施扶贫，强化环境整治，完成村内竹篱笆建设1.5km，设置了一个红色书屋，新建水车一座，完成村内广播、旅游公厕、大型停车场和村部旁小型停车场建设；改水改厕实现全覆盖，积极推进休闲广场、污水处理等项目建设；大力推进保障扶贫，积极落实贫困家庭医保、低保、社保、教育等民生托底的“保障网”，确保不返贫。通过一系列的帮扶措施，截至2016年年底，全村贫困户人均可支配收入达到7760元，贫困发生率下降至0.87%。实现了全村脱贫的目标。

如今再走进神山村，泥巴路变成了宽敞明亮的水泥路和富有特色的青石板路；土坯房摇身一变成为白墙黛瓦小洋房，家家户户开起了民宿当老板；停车场内位无虚席，农家乐里飘出缕缕炊烟，游客络绎不绝。2021年，神山村人均收入比2015年翻了10倍，达到3万元。

短短几年时间，过去那个“养在深闺人未识”的“破落村”已不见，取而代之的是“车如流水马如龙”的旅游村，并成立井冈山市神山村旅游服务公司，引进市场主体发展竹制品产业、精品民宿、红色培训拓展基地等红色旅游设施。下一步计划继续完善旅游设施，让全国人民都来参观神山村，让神山村的“神奇”延续下去。

2017年11月，神山村获评第五届全国文明村镇；2019年12月被认定为全国乡村治理示范村；2020年8月入选第二批全国乡村旅游重点村名单；2021年11月，入选农业农村部“中国美丽休闲乡村”监测合格名单。

8.6　省级乡村建设行动实施方案

以河南省乡村建设行动实施方案为例。

2021年5月，河南省人民政府办公厅印发了《河南省乡村建设行动实施方案》，全文如下：

为贯彻落实党的十九届五中全会精神，推动我省在乡村建设上实现更大突破、走在全国前列，结合我省实际，制定本实施方案。

（1）总体要求

1）指导思想。以习近平新时代中国特色社会主义思想为指导，全面贯彻落实党的十九大和十九届二中、三中、四中、五中全会精神，深入贯彻落实习近平总书记视察河南重要讲话精神，坚持把乡村建设作为实施乡村振兴战略的重要任务，摆在社会主义现代化建设的重要位置，坚持农业现代化和农村现代化一体设计、一体推进，以城乡基础设施一体化和基本公共服务均等化为发展目标，科学编制乡村规划，积极推进乡村基础设施建设、完善公共服务、改善人居环境，促进城乡融合发展。

2）基本原则。坚持规划引领。统筹县域城镇和村庄规划建设，科学布局乡村生产生活生态空间，促进县域整体提升和均衡发展。坚持农民主体。尊重农民意愿，建立政府、村集体、村民等各方共谋、共建、共管、共评、共享机制，增强群众参与乡村建设行动的积极性、主动性、创造性。坚持城乡融合。打造以县城为龙头、中心镇为节点、乡村为腹地的发展新格局，促进人才、土地、资本等要素在城乡间双向流动、平等交换。坚持循序渐进。聚焦阶段任务，找准突破口，排出优先序，严格规范村庄撤并，保留乡村特色风貌，不搞大拆大建。坚持建管并重。鼓励有条件的地方试点建立财政补助、村集体补贴、农户适量付费相结合的管护经费保障制度。

3）工作目标。2021年，全面启动乡村建设行动，制定完善专项行动方案，建立健全工作推进机制，新培育1000个乡村建设示范村，在乡村基础设施建设、农村基本公共服务体系建设、农村人居环境整治提升等方面实施一批项目，确保乡村建设行动开好局、起好步。2025年，乡村建设行动取得明显成效、走在全国前列，乡村面貌发生明显变化，农村现代化取得重要进展，乡村基础设施现代化水平迈上新台阶，农村生活设施便利化初步实现，城乡基本公共服务均等化水平明显提高，城乡区域发展协调性增强，建成一批美丽宜居乡村，有条件的村率先基本实现农村现代化。

（2）科学编制乡村规划

1）统筹各级规划编制。2021年年底前全面完成县级以上国土空间规划编制，完成县域村庄分类和布局规划，基本完成乡镇国土空间规划编制，优先完成1000个乡村建设示范村的村庄规划编制，推动有条件、有需求的重点村实现村庄规划编制全覆盖。2025年年底前构建完成县域国土空间一体的规划体系，实现乡村地区规划全覆盖。

2）优化城乡用地布局，保障乡村用地空间。落实最严格耕地保护制度，合理安排城乡产业用地布局、基础设施布局，加强农村宅基地管理。在编制县、乡级国土空间规划时，安排不少于10%的建设用地指标，重点保障乡村产业发展用地。在制定省级土地利用年度计划时，安排至少5%新增建设用地指标保障乡村重点产业和项目用地。

3）引导村庄建设行为，塑造乡村特色风貌。合理划定村庄建设边界，有序管控村民自建住房建设，划定全省乡村风貌分区和特色风貌带，明确各地乡村风貌塑造方向。

4）提升乡村规划质量，保障规划有效实施。修订《河南省村庄规划导则》，制定《河南省乡镇国土空间规划导则》，从严把控乡村规划水平和质量，全面实施乡村建设规划许可制度，探索建立乡村规划委员会和乡村规划师制度。

（3）推进县域内城乡基础设施一体化

1）实施县域城乡交通一体化行动。优化路网结构，加强质量监管和公路养护，推动城乡客运服务均等化、农村物流服务便捷化。2021年年底前基本实现全省具备条件的20户以上自然村通硬化路，“十四五”时期完成4万公里农村公路、约4000座农村公路危桥改造任务，新增乡镇运输服务站300个以上。2025年年底前基本建成广覆盖、深通达、高品质的农村交通网络、客货运输网络，争取行政村最多一次换乘到达县城比例达到100%。

2）实施农村供水保障行动。推进农村供水工程规模化、供水建管市场化、饮用水源地表化、城乡供水一体化，加强农村供水运行、水质管理，完善水价形成机制，加快供水服务标准化。2025年年底前基本实现县域城乡供水管护一体化，力争完成60个县（市、区）水源置换工作，县域内地表水源覆盖农村人口比例达到50%以上，农村自来水普及率达到93%，规模化农村供水工程覆盖人口比例达到60%。

3）实施县域城乡清洁能源建设一体化行动。提升农村电气化水平，发展农村生物质能源，因地制宜开发风能资源，多元化开发利用太阳能资源，提升农村地热能利用水平，实施“气化乡村”工程，加强煤炭清洁化利用。2021年年底前完成5000个农村配电台区升级改造任务，新建改造10kV及以下线路5000km，农村地区用户年均停电时间压减至16h以内，新增农村天然气用户200万户，新增生物质发电装机20万kW。2025年年底前全省农村地区用户年均停电时间压减至12h以内，农村电网主要技术指标达到中部地区领先水平，新增生物质发电装机100万kW，全省重点乡镇燃气管网基本实现全覆盖。

4）实施县域城乡信息通信网络建设一体化行动。全面推进农村信息基础设施升级，提升农村互联网普及水平，促进新一代信息技术与农业现代化深度融合。2021年年底前实现乡镇、农村热点区域5G网络全覆盖。2025年年底前全省县域内5G基站数量达到5万个，实现乡镇以上区域和重点行政村5G网络全覆盖，农村固定宽带家庭普及率和移动宽带用户普及率持续提升。

5）实施县域城乡广播电视建设一体化行动。推进应急广播体系建设，完善县域节目传输覆盖，全面推进“智慧广电+公共服务”，2025年年底前广播电视数字化、高清化、网络化、智能化、移动化水平在同一县域内实现城乡大体一致，形成终端人口覆盖率达到90%以上的五级应急广播体系，基本实现全省无线数字广播电视信号全覆盖和县级融媒体中心节目信号接入IPTV直播频道。

6）实施县域城乡物流体系建设行动。健全县、乡、村三级物流服务网络，加强县域农产品冷链物流设施建设，完善县域农产品供应链体系。2021年年底前行政村快递物流通达率达到80%以上，县级以上文明村镇的行政村快递服务通达率达到100%，培育一批乡村物流龙头企业。2025年年底前基本建成设施完善、运转高效、多方协同、绿色创新的县域城乡物流体系，行政村快递物流服务通达率达到100%。

7）实施农村房屋品质提升行动。健全农村房屋建设管理制度和标准，加强农村房屋建设规范管理和技术指导，加强传统村落、传统民居和历史文化名镇（名村）保护。2021年年底前出台村民自建住房管理和农村建筑工匠培训管理细则，完成农村既有房屋安全隐患排查和生产经营性房屋、公共用房的安全隐患整治，编制完成农村住房设计图册，在地震高烈度地区开展3万户农房抗震改造。2025年年底前形成完善的农村房屋建设管理长效机制，完成农村既有房屋安全隐患整治，建立农村低收入人口住房安全保障长效机制，全省农村房屋建造品质显著提升，建筑特色与村庄风貌初步显现。

（4）推进县域内城乡基本公共服务均等化

1）实施县域城乡教育服务均等化行动。加强乡村学校建设，全面推行义务教育阶段教师“县管校聘”，切实保障乡村教师待遇。2021年年底前为农村学校招聘特岗教师1.5万名，建成农村教师周转宿舍7000套，确保每个乡镇办好1～2所公办中心幼儿园，全面消除普通高中大班额。2025年年底前全省学前教育三年毛入园率达到92%，普惠性幼儿园覆盖率稳定在80%以上，基本补齐乡村义务教育学校办学条件短板，所有县（市）均建有1所特殊教育学校。

2）实施县域公共文化服务均等化行动。推进县域基本公共文化服务标准化建设，加快乡村公共文化数字化建设、社会化发展。2021年年底前省、市、县三级公共文化数字资源平台实现互联互通，出台《县域基本公共文化服务目录》，文化志愿者注册数达到5万人，启动实施村级综合性文化服务中心“七个一”达标工程，每个村（社区）每年围绕传统节日和重大节会组织开展群众性文化活动不少于5场。2025年年底前实现县级三级以上公共图书馆和文化馆全覆盖，县、乡两级形成至少1个特色文化活动品牌，村级综合性文化服务中心实现“七个一”达标。

3）实施县域医疗卫生服务均等化行动。高质量建设县域紧密型医共体，对医共体实行医保基金总额预算管理，构建高效协同的县域医疗卫生服务体系。推进中心乡镇卫生院提质升级、薄弱乡镇卫生院达标和公有产权村卫生室建设，加强乡村医疗卫生人才队伍建设。2021年年底前县级医共体建设成效监测指标优良率达到40%左右，乡镇卫生院标准化达标率达到80%以上，公有产权村卫生室比例达到70%以上。2025年年底前300所乡镇卫生院达到或接近二级医院水平，公有产权村卫生室比例达到90%以上，具有执业（助理）医师资格的乡村医生比例达到45%以上并普遍实行“乡聘村用”，50种以上常见病实现基层首诊、县域内就诊率达到90%以上。

4）实施县域社会保障均等化行动。完善统一的城乡居民基本医疗保险制度，落实城乡居民基本养老保险待遇确定和基础养老金标准正常调整机制，推进城乡低保制度统筹发展，加强对农村留守儿童、妇女、老年人的关爱服务，健全县、乡、村衔接的三级养老服务网络。2021年年底前建立完善城乡低保、残疾人“两项补贴”、孤儿最低养育、高龄老年人津贴标准动态调整机制，三分之二以上的县（市）建成以失能、半失能特困人员专业照护为主的县级特困供养机构，基本完成乡镇敬老院改造提升，建立城乡统一的居民基本养老保险丧葬补助制度。2025年年底前城乡居民基本养老保险和基本医疗保险县域内参保率稳定在95%以上，县域城乡居民养老保障和医疗保障水平随经济社会高质量发展同步提高，县、乡、村三级社会工作服务体系基本完善，实现乡镇（街道）社会工作服务站全覆盖、困难群众和特殊群体社会工作专业服务全覆盖。

（5）实施农村人居环境整治提升五年行动

1）扎实推进农村厕所革命。切实提高改厕质量，强化后期管护服务，加强厕所粪污无害化处理与资源化利用。2021年年底前新改造农村无害化卫生厕所150万户；2025年年底前累计新改造农村无害化卫生厕所550万户、厕所粪污基本得到处理。

2）加快推进农村生活污水治理。深入开展农村黑臭水体治理，2021年年底前农村生活污水治理率达到33%；2025年年底前农村生活污水治理率达到45%以上，农村黑臭水体治理率达到40%左右。

3）持续推进农村生活垃圾治理。健全生活垃圾收运处置体系，推进农村生活垃圾源头分类减量，完善资源回收利用网络。2021年年底前实现农村生活垃圾收运处置体系全覆盖；2025年年底前基本实现农村生活垃圾分类、资源化利用全覆盖。

4）统筹推进村容村貌整体提升。突出乡土特色和地域特点，积极开展“四美乡村”“美丽小镇”“五美庭院”建设，有序推进农房及院落风貌整治。2025年年底前30%以上的行政村达到“四美乡村”建设标准、50%以上的乡镇政府所在地达到“美丽小镇”建设标准、50%以上的农户庭院达到“五美庭院”建设标准。

（6）保障措施

1）加强组织领导。落实五级书记抓乡村振兴的要求，把实施乡村建设行动作为党政一把手工程，实行省负总责、市县抓落实的工作推进机制。成立乡村建设行动领导小组，由省长任组长、相关省领导任副组长，牵头抓总、统筹协调省直相关单位，协同推进乡村建设行动。围绕重点任务，成立行动专班，由省级领导任专班组长，下设办公室，具体负责重点任务推进落实。

2）坚持分类推进。科学把握不同地方变迁发展趋势，开展分类指导，争取走出各具特色的乡村建设路子。城郊融合类村庄重在强化规划发展管控，按照基础设施城镇化、居住管理社区化、生活方式市民化标准纳入城市统一管理。拓展提升类村庄重在高起点定位、高标准规划，发挥自身比较优势率先建设“四美乡村”。特色保护类村庄重在加强历史文化资源、传统建筑、民风民俗保护，在保持原生态环境和村庄传统格局基础上有序推进村庄更新改造，适度发展文化旅游等环境友好型产业。整治改善类村庄重在科学确定村庄发展方向，以实施农村人居环境整治行动为重点补齐公共设施短板。搬迁撤并类村庄重在按照靠县城、靠乡镇、靠园区、靠景区原则进行安置，并妥善处理好搬迁后续问题。

3）开展示范创建。引导30个乡村振兴示范引领县（市）在乡村建设领域开展示范创建活动，重点打造162个乡村建设示范乡镇，每年高标准打造1000个乡村建设示范村。围绕黄河流域生态保护和高质量发展，以郑州为重点打造沿黄美丽乡村示范带，探索率先基本实现农村现代化的模式路径。

4）加大投入力度。完善财政投入稳定增长机制，形成财政优先保障、金融重点支持、社会积极参与的乡村建设多元投入格局。强化资金整合、资源统筹，公共财政加大向“三农”倾斜力度，加大对乡村建设重点领域、薄弱环节支持。完善涉农资金统筹整合长效机制，调整完善土地出让收入使用范围，优先支持乡村振兴。鼓励各地按照政府债券发行要求，分类支持乡村基础设施建设，一般债券资金重点支持农村人居环境整治、农村公路、高标准农田等乡村公益性项目，专项债券重点支持产业园区基础设施、乡村文化旅游、农村供水等融资规模与项目收益相平衡的重大项目建设。加大金融支农力度，创新金融产品和服务，推广普惠金融“兰考模式”和金融扶贫“卢氏模式”，完善农村信用体系和涉农信贷担保体系建设，更好发挥“保险+期货”作用。充分激发社会资本活力，持续扩大乡村建设领域社会资本投入。

5）夯实部门责任。省直相关单位要认真履行本行业、本领域乡村建设职责，研究谋划配套措施，加强协调，相互配合，形成各司其职、共同履职、齐抓共管的乡村建设工作体系。乡村建设重点任务行动专班办公室所在单位，要积极发挥牵头作用，制定具体实施方案，建立专项工作台账，推动建设任务落实落细。

附　录

附录一：《中共中央 国务院关于实施乡村振兴战略的意见》

《中共中央 国务院关于实施乡村振兴战略的意见》
（节选）

（2018年1月2日）

实施乡村振兴战略，是党的十九大作出的重大决策部署，是决胜全面建成小康社会、全面建设社会主义现代化国家的重大历史任务，是新时代“三农”工作的总抓手。现就实施乡村振兴战略提出如下意见。

一、新时代实施乡村振兴战略的重大意义

党的十八大以来，在以习近平同志为核心的党中央坚强领导下，我们坚持把解决好“三农”问题作为全党工作重中之重，持续加大强农惠农富农政策力度，扎实推进农业现代化和新农村建设，全面深化农村改革，农业农村发展取得了历史性成就，为党和国家事业全面开创新局面提供了重要支撑。5年来，粮食生产能力跨上新台阶，农业供给侧结构性改革迈出新步伐，农民收入持续增长，农村民生全面改善，脱贫攻坚战取得决定性进展，农村生态文明建设显著加强，农民获得感显著提升，农村社会稳定和谐。农业农村发展取得的重大成就和“三农”工作积累的丰富经验，为实施乡村振兴战略奠定了良好基础。

农业农村农民问题是关系国计民生的根本性问题。没有农业农村的现代化，就没有国家的现代化。当前，我国发展不平衡不充分问题在乡村最为突出，主要表现在：农产品阶段性供过于求和供给不足并存，农业供给质量亟待提高；农民适应生产力发展和市场竞争的能力不足，新型职业农民队伍建设亟需加强；农村基础设施和民生领域欠账较多，农村环境和生态问题比较突出，乡村发展整体水平亟待提升；国家支农体系相对薄弱，农村金融改革任务繁重，城乡之间要素合理流动机制亟待健全；农村基层党建存在薄弱环节，乡村治理体系和治理能力亟待强化。实施乡村振兴战略，是解决人民日益增长的美好生活需要和不平衡不充分的发展之间矛盾的必然要求，是实现"两个一百年"奋斗目标的必然要求，是实现全体人民共同富裕的必然要求。

在中国特色社会主义新时代，乡村是一个可以大有作为的广阔天地，迎来了难得的发展机遇。我们有党的领导的政治优势，有社会主义的制度优势，有亿万农民的创造精神，有强大的经济实力支撑，有历史悠久的农耕文明，有旺盛的市场需求，完全有条件有能力实施乡村振兴战略。必须立足国情农情，顺势而为，切实增强责任感使命感紧迫感，举全党全国全社会之力，以更大的决心、更明确的目标、更有力的举措，推动农业全面升级、农村全面进步、农民全面发展，谱写新时代乡村全面振兴新篇章。

二、实施乡村振兴战略的总体要求

（一）指导思想。全面贯彻党的十九大精神，以习近平新时代中国特色社会主义思想为指导，加强党对"三农"工作的领导，坚持稳中求进工作总基调，牢固树立新发展理念，落实高质量发展的要求，紧紧围绕统筹推进"五位一体"总体布局和协调推进"四个全面"战略布局，坚持把解决好"三农"问题作为全党工作重中之重，坚持农业农村优先发展，按照产业兴旺、生态宜居、乡风文明、治理有效、生活富裕的总要求，建立健全城乡融合发展体制机制和政策体系，统筹推进农村经济建设、政治建设、文化建设、社会建设、生态文明建设和党的建设，加快推进乡村治理体系和治理能力现代化，加快推进农业农村现代化，走中国特色社会主义乡村振兴道路，让农业成为有奔头的产业，让农民成为有吸引力的职业，让农村成为安居乐业的美丽家园。

（二）目标任务。按照党的十九大提出的决胜全面建成小康社会、分两个阶段实现第二个百年奋斗目标的战略安排，实施乡村振兴战略的目标任务是：

到2020年，乡村振兴取得重要进展，制度框架和政策体系基本形成。农业综合生产能力稳步提升，农业供给体系质量明显提高，农村一二三产业融合发展水平进一步提升；农民增收渠道进一步拓宽，城乡居民生活水平差距持续缩小；现行标准下农村贫困人口实现脱贫，贫困县全部摘帽，解决区域性整体贫困；农村基础设施建设深入推进，农村人居环境明显改善，美丽宜居乡村建设扎实推进；城乡基本公共服务均等化水平进一步提高，城乡融合发展体制机制初步建立；农村对人才吸引力逐步增强；农村生态环境明显好转，农业生态服务能力进一步提高；以党组织为核心的农村基层组织建设进一步加强，乡村治理体系进一步完善；党的农村工作领导体制机制进一步健全；各地区各部门推进乡村振兴的思路举措得以确立。

到2035年，乡村振兴取得决定性进展，农业农村现代化基本实现。农业结构得到根本性改善，农民就业质量显著提高，相对贫困进一步缓解，共同富裕迈出坚实步伐；城乡基本公共服务均等化基本实现，城乡融合发展体制机制更加完善；乡风文明达到新高度，乡村治理体系更加完善；农村生态环境根本好转，美丽宜居乡村基本实现。

到2050年，乡村全面振兴，农业强、农村美、农民富全面实现。

（三）基本原则

——坚持党管农村工作。毫不动摇地坚持和加强党对农村工作的领导，健全党管农村工作领导体制机制和党内法规，确保党在农村工作中始终总揽全局、协调各方，为乡村振兴提供坚强有力的政治保障。

——坚持农业农村优先发展。把实现乡村振兴作为全党的共同意志、共同行动，做到认识统一、步调一致，在干部配备上优先考虑，在要素配置上优先满足，在资金投入上优先保障，在公共服务上优先安排，加快补齐农业农村短板。

——坚持农民主体地位。充分尊重农民意愿，切实发挥农民在乡村振兴中的主体作用，调动亿万农民的积极性、主动性、创造性，把维护农民群众根本利益、促进农民共同富裕作为出发点和落脚点，促进农民持续增收，不断提升农民的获得感、幸福感、安全感。

——坚持乡村全面振兴。准确把握乡村振兴的科学内涵，挖掘乡村多种功能和价值，统筹谋划农村经济建设、政治建设、文化建设、社会建设、生态文明建设和党的建设，注重协同性、关联性，整体部署，协调推进。

——坚持城乡融合发展。坚决破除体制机制弊端，使市场在资源配置中起决定性作用，更好发挥政府作用，推动城乡要素自由流动、平等交换，推动新型工业化、信息化、城镇化、农业现代化同步发展，加快形成工农互促、城乡互补、全面融合、共同繁荣的新型工农城乡关系。

——坚持人与自然和谐共生。牢固树立和践行绿水青山就是金山银山的理念，落实节约优先、保护优先、自然恢复为主的方针，统筹山水林田湖草系统治理，严守生态保护红线，以绿色发展引领乡村振兴。

——坚持因地制宜、循序渐进。科学把握乡村的差异性和发展走势分化特征，做好顶层设计，注重规划先行、突出重点、分类施策、典型引路。既尽力而为，又量力而行，不搞层层加码，不搞一刀切，不搞形式主义，久久为功，扎实推进。

三、提升农业发展质量，培育乡村发展新动能

乡村振兴，产业兴旺是重点。必须坚持质量兴农、绿色兴农，以农业供给侧结构性改革为主线，加快构建现代农业产业体系、生产体系、经营体系，提高农业创新力、竞争力和全要素生产率，加快实现由农业大国向农业强国转变。

（一）夯实农业生产能力基础。

（二）实施质量兴农战略。

（三）构建农村一二三产业融合发展体系。实施休闲农业和乡村旅游精品工程，建设一批设施完备、功能多样的休闲观光园区、森林人家、康养基地、乡村民宿、特色小镇。对利用闲置农房发展民宿、养老等项目，研究出台消防、特种行业经营等领域便利市场准入、加强事中事后监管的管理办法。发展乡村共享经济、创意农业、特色文化产业。

（四）构建农业对外开放新格局。

（五）促进小农户和现代农业发展有机衔接。

四、推进乡村绿色发展，打造人与自然和谐共生发展新格局

乡村振兴，生态宜居是关键。良好生态环境是农村最大优势和宝贵财富。必须尊重自然、顺应自然、保护自然，推动乡村自然资本加快增值，实现百姓富、生态美的统一。

（一）统筹山水林田湖草系统治理。

（二）加强农村突出环境问题综合治理。

（三）建立市场化多元化生态补偿机制。

（四）增加农业生态产品和服务供给。正确处理开发与保护的关系，运用现代科技和管理手段，将乡村生态优势转化为发展生态经济的优势，提供更多更好的绿色生态产品和服务，促进生态和经济良性循环。加快发展森林草原旅游、河湖湿地观光、冰雪海上运动、野生动物驯养观赏等产业，积极开发观光农业、游憩休闲、健康养生、生态教育等服务。创建一批特色生态旅游示

范村镇和精品线路，打造绿色生态环保的乡村生态旅游产业链。

五、繁荣兴盛农村文化，焕发乡风文明新气象

乡村振兴，乡风文明是保障。必须坚持物质文明和精神文明一起抓，提升农民精神风貌，培育文明乡风、良好家风、淳朴民风，不断提高乡村社会文明程度。

（一）加强农村思想道德建设。

（二）传承发展提升农村优秀传统文化。划定乡村建设的历史文化保护线，保护好文物古迹、传统村落、民族村寨、传统建筑、农业遗迹、灌溉工程遗产。支持农村地区优秀戏曲曲艺、少数民族文化、民间文化等传承发展。

（三）加强农村公共文化建设。

（四）开展移风易俗行动。广泛开展文明村镇、星级文明户、文明家庭等群众性精神文明创建活动。

六、加强农村基层基础工作，构建乡村治理新体系

乡村振兴，治理有效是基础。必须把夯实基层基础作为固本之策，建立健全党委领导、政府负责、社会协同、公众参与、法治保障的现代乡村社会治理体制，坚持自治、法治、德治相结合，确保乡村社会充满活力、和谐有序。

（一）加强农村基层党组织建设。

（二）深化村民自治实践。坚持自治为基，加强农村群众性自治组织建设，健全和创新村党组织领导的充满活力的村民自治机制。

（三）建设法治乡村。

（四）提升乡村德治水平。

（五）建设平安乡村。

七、提高农村民生保障水平，塑造美丽乡村新风貌

乡村振兴，生活富裕是根本。要坚持人人尽责、人人享有，按照抓重点、补短板、强弱项的要求，围绕农民群众最关心最直接最现实的利益问题，一件事情接着一件事情办，一年接着一年

干，把乡村建设成为幸福美丽新家园。

（一）优先发展农村教育事业。

（二）促进农村劳动力转移就业和农民增收。深化户籍制度改革，促进有条件、有意愿、在城镇有稳定就业和住所的农业转移人口在城镇有序落户，依法平等享受城镇公共服务。

（三）推动农村基础设施提档升级。继续把基础设施建设重点放在农村，加快农村公路、供水、供气、环保、电网、物流、信息、广播电视等基础设施建设，推动城乡基础设施互联互通。以示范县为载体全面推进“四好农村路”建设，加快实施通村组硬化路建设。加大成品油消费税转移支付资金用于农村公路养护力度。推进节水供水重大水利工程，实施农村饮水安全巩固提升工程。加快新一轮农村电网改造升级，制定农村通动力电规划，推进农村可再生能源开发利用。实施数字乡村战略，做好整体规划设计，加快农村地区宽带网络和第四代移动通信网络覆盖步伐，开发适应“三农”特点的信息技术、产品、应用和服务，推动远程医疗、远程教育等应用普及，弥合城乡数字鸿沟。提升气象为农服务能力。加强农村防灾减灾救灾能力建设。抓紧研究提出深化农村公共基础设施管护体制改革指导意见。

（四）加强农村社会保障体系建设。

（五）推进健康乡村建设。深入开展乡村爱国卫生运动。

（六）持续改善农村人居环境。实施农村人居环境整治三年行动计划，以农村垃圾、污水治理和村容村貌提升为主攻方向，整合各种资源，强化各种举措，稳步有序推进农村人居环境突出问题治理。坚持不懈推进农村“厕所革命”，大力开展农村户用卫生厕所建设和改造，同步实施粪污治理，加快实现农村无害化卫生厕所全覆盖，努力补齐影响农民群众生活品质的短板。总结推广适用不同地区的农村污水治理模式，加强技术支撑和指导。深入推进农村环境综合整治。推进北方地区农村散煤替代，有条件的地方有序推进煤改气、煤改电和新能源利用。逐步建立农村低收入群体安全住房保障机制。强化新建农房规划管控，加强“空心村”服务管理和改造。保护保留乡村风貌，开展田园建筑示范，培养乡村传统建筑名匠。实施乡村绿化行动，全面保护古树名木。持续推进宜居宜业的美丽乡村建设。

八、打好精准脱贫攻坚战，增强贫困群众获得感

乡村振兴，摆脱贫困是前提。必须坚持精准扶贫、精准脱贫，把提高脱贫质量放在首位，既不降低扶贫标准，也不吊高胃口，采取更加有力的举措、更加集中的支持、更加精细的工作，坚决打好精准脱贫这场对全面建成小康社会具有决定性意义的攻坚战。

（一）瞄准贫困人口精准帮扶。

（二）聚焦深度贫困地区集中发力。

（三）激发贫困人口内生动力。

（四）强化脱贫攻坚责任和监督。

九、推进体制机制创新，强化乡村振兴制度性供给

实施乡村振兴战略，必须把制度建设贯穿其中。要以完善产权制度和要素市场化配置为重点，激活主体、激活要素、激活市场，着力增强改革的系统性、整体性、协同性。

（一）巩固和完善农村基本经营制度。

（二）深化农村土地制度改革。系统总结农村土地征收、集体经营性建设用地入市、宅基地制度改革试点经验，逐步扩大试点，加快土地管理法修改，完善农村土地利用管理政策体系。扎实推进房地一体的农村集体建设用地和宅基地使用权确权登记颁证。完善农民闲置宅基地和闲置农房政策，探索宅基地所有权、资格权、使用权“三权分置”，落实宅基地集体所有权，保障宅基地农户资格权和农民房屋财产权，适度放活宅基地和农民房屋使用权，不得违规违法买卖宅基地，严格实行土地用途管制，严格禁止下乡利用农村宅基地建设别墅大院和私人会馆。在符合土地利用总体规划前提下，允许县级政府通过村土地利用规划，调

整优化村庄用地布局，有效利用农村零星分散的存量建设用地；预留部分规划建设用地指标用于单独选址的农业设施和休闲旅游设施等建设。对利用收储农村闲置建设用地发展农村新产业新业态的，给予新增建设用地指标奖励。进一步完善设施农用地政策。

（三）深入推进农村集体产权制度改革。

（四）完善农业支持保护制度。

十、汇聚全社会力量，强化乡村振兴人才支撑

实施乡村振兴战略，必须破解人才瓶颈制约。要把人力资本开发放在首要位置，畅通智力、技术、管理下乡通道，造就更多乡土人才，聚天下人才而用之。

（一）大力培育新型职业农民。

（二）加强农村专业人才队伍建设。

（三）发挥科技人才支撑作用。

（四）鼓励社会各界投身乡村建设。建立有效激励机制，以乡情乡愁为纽带，吸引支持企业家、党政干部、专家学者、医生教师、规划师、建筑师、律师、技能人才等，通过下乡担任志愿者、投资兴业、包村包项目、行医办学、捐资捐物、法律服务等方式服务乡村振兴事业。研究制定管理办法，允许符合要求的公职人员回乡任职。吸引更多人才投身现代农业，培养造就新农民。加快制定鼓励引导工商资本参与乡村振兴的指导意见，落实和完善融资贷款、配套设施建设补助、税费减免、用地等扶持政策，明确政策边界，保护好农民利益。发挥工会、共青团、妇联、科协、残联等群团组织的优势和力量，发挥各民主党派、工商联、无党派人士等积极作用，支持农村产业发展、生态环境保护、乡风文明建设、农村弱势群体关爱等。实施乡村振兴“巾帼行动”。加强对下乡组织和人员的管理服务，使之成为乡村振兴的建设性力量。

（五）创新乡村人才培育引进使用机制。

十一、开拓投融资渠道，强化乡村振兴投入保障

实施乡村振兴战略，必须解决钱从哪里来的问题。要健全投入保障制度，创新投融资机制，加快形成财政优先保障、金融重点倾斜、社会积极参与的多元投入格局，确保投入力度不断增强、总量持续增加。

（一）确保财政投入持续增长。建立健全实施乡村振兴战略财政投入保障制度，公共财政更大力度向“三农”倾斜，确保财政投入与乡村振兴目标任务相适应。优化财政供给结构，推进行业内资金整合与行业间资金统筹相互衔接配合，增加地方自主统筹空间，加快建立涉农资金统筹整合长效机制。充分发挥财政资金的引导作用，撬动金融和社会资本更多投向乡村振兴。切实发挥全国农业信贷担保体系作用，通过财政担保费率补助和以奖代补等，加大对新型农业经营主体支持力度。加快设立国家融资担保基金，强化担保融资增信功能，引导更多金融资源支持乡村振兴。支持地方政府发行一般债券用于支持乡村振兴、脱贫攻坚领域的公益性项目。稳步推进地方政府专项债券管理改革，鼓励地方政府试点发行项目融资和收益自平衡的专项债券，支持符合条件、有一定收益的乡村公益性项目建设。规范地方政府举债融资行为，不得借乡村振兴之名违法违规变相举债。

（二）拓宽资金筹集渠道。调整完善土地出让收入使用范围，进一步提高农业农村投入比例。严格控制未利用地开垦，集中力量推进高标准农田建设。改进耕地占补平衡管理办法，建立高标准农田建设等新增耕地指标和城乡建设用地增减挂钩节余指标跨省域调剂机制，将所得收益通过支出预算全部用于巩固脱贫攻坚成果和支持实施乡村振兴战略。推广一事一议、以奖代补等方式，鼓励农民对直接受益的乡村基础设施建设投工投劳，让农民更多参与建设管护。

（三）提高金融服务水平。坚持农村金融改革发展的正确方向，健全适合农业农村特点的农村金融体系，推动农村金融机构

回归本源，把更多金融资源配置到农村经济社会发展的重点领域和薄弱环节，更好满足乡村振兴多样化金融需求。要强化金融服务方式创新，防止脱实向虚倾向，严格管控风险，提高金融服务乡村振兴能力和水平。抓紧出台金融服务乡村振兴的指导意见。加大中国农业银行、中国邮政储蓄银行“三农”金融事业部对乡村振兴支持力度。明确国家开发银行、中国农业发展银行在乡村振兴中的职责定位，强化金融服务方式创新，加大对乡村振兴中长期信贷支持。推动农村信用社省联社改革，保持农村信用社县域法人地位和数量总体稳定，完善村镇银行准入条件，地方法人金融机构要服务好乡村振兴。普惠金融重点要放在乡村。推动出台非存款类放贷组织条例。制定金融机构服务乡村振兴考核评估办法。支持符合条件的涉农企业发行上市、新三板挂牌和融资、并购重组，深入推进农产品期货期权市场建设，稳步扩大“保险+期货”试点，探索“订单农业+保险+期货（权）”试点。改进农村金融差异化监管体系，强化地方政府金融风险防范处置责任。

十二、坚持和完善党对“三农”工作的领导

实施乡村振兴战略是党和国家的重大决策部署，各级党委和政府要提高对实施乡村振兴战略重大意义的认识，真正把实施乡村振兴战略摆在优先位置，把党管农村工作的要求落到实处。

（一）完善党的农村工作领导体制机制。各级党委和政府要坚持工业农业一起抓、城市农村一起抓，把农业农村优先发展原则体现到各个方面。健全党委统一领导、政府负责、党委农村工作部门统筹协调的农村工作领导体制。建立实施乡村振兴战略领导责任制，实行中央统筹省负总责市县抓落实的工作机制。党政一把手是第一责任人，五级书记抓乡村振兴。县委书记要下大气力抓好“三农”工作，当好乡村振兴“一线总指挥”。各部门要按照职责，加强工作指导，强化资源要素支持和制度供给，做好协同配合，形成乡村振兴工作合力。

（二）研究制定中国共产党农村工作条例。

（三）加强“三农”工作队伍建设。

（四）强化乡村振兴规划引领。制定国家乡村振兴战略规划（2018—2022年），分别明确至2020年全面建成小康社会和2022年召开党的二十大时的目标任务，细化实化工作重点和政策措施，部署若干重大工程、重大计划、重大行动。各地区各部门要编制乡村振兴地方规划和专项规划或方案。加强各类规划的统筹管理和系统衔接，形成城乡融合、区域一体、多规合一的规划体系。根据发展现状和需要分类有序推进乡村振兴，对具备条件的村庄，要加快推进城镇基础设施和公共服务向农村延伸；对自然历史文化资源丰富的村庄，要统筹兼顾保护与发展；对生存条件恶劣、生态环境脆弱的村庄，要加大力度实施生态移民搬迁。

（五）强化乡村振兴法治保障。

（六）营造乡村振兴良好氛围。凝聚全党全国全社会振兴乡村强大合力，宣传党的乡村振兴方针政策和各地丰富实践，振奋基层干部群众精神。建立乡村振兴专家决策咨询制度，组织智库加强理论研究。促进乡村振兴国际交流合作，讲好乡村振兴中国故事，为世界贡献中国智慧和中国方案。

让我们更加紧密地团结在以习近平同志为核心的党中央周围，高举中国特色社会主义伟大旗帜，以习近平新时代中国特色社会主义思想为指导，迎难而上、埋头苦干、开拓进取，为决胜全面建成小康社会、夺取新时代中国特色社会主义伟大胜利作出新的贡献！

附录二：中共中央、国务院《乡村振兴战略规划（2018—2022年）》

《乡村振兴战略规划（2018—2022年）》（节选）

前言

党的十九大提出实施乡村振兴战略，是以习近平同志为核心的党中央着眼党和国家事业全局，深刻把握现代化建设规律和城乡关系变化特征，顺应亿万农民对美好生活的向往，对“三农”工作作出的重大决策部署，是决胜全面建成小康社会、全面建设社会主义现代化国家的重大历史任务，是新时代做好“三农”工作的总抓手。从党的十九大到二十大，是“两个一百年”奋斗目标的历史交汇期，既要全面建成小康社会、实现第一个百年奋斗目标，又要乘势而上开启全面建设社会主义现代化国家新征程，向第二个百年奋斗目标进军。为贯彻落实党的十九大、中央经济工作会议、中央农村工作会议精神和政府工作报告要求，描绘好战略蓝图，强化规划引领，科学有序推动乡村产业、人才、文化、生态和组织振兴，根据《中共中央 国务院关于实施乡村振兴战略的意见》，特编制《乡村振兴战略规划（2018—2022年）》。

本规划以习近平总书记关于“三农”工作的重要论述为指导，按照产业兴旺、生态宜居、乡风文明、治理有效、生活富裕的总要求，对实施乡村振兴战略作出阶段性谋划，分别明确至2020年全面建成小康社会和2022年召开党的二十大时的目标任务，细化实化工作重点和政策措施，部署重大工程、重大计划、重大行动，确保乡村振兴战略落实落地，是指导各地区各部门分类有序推进乡村振兴的重要依据。

第一篇　规划背景

党的十九大作出中国特色社会主义进入新时代的科学论断，提出实施乡村振兴战略的重大历史任务，在我国“三农”发展进程中具有划时代的里程碑意义，必须深入贯彻习近平新时代中国特色社会主义思想和党的十九大精神，在认真总结农业农村发展历史性成就和历史性变革的基础上，准确研判经济社会发展趋势和乡村演变发展态势，切实抓住历史机遇，增强责任感、使命感、紧迫感，把乡村振兴战略实施好。

第一章　重大意义

乡村是具有自然、社会、经济特征的地域综合体，兼具生产、生活、生态、文化等多重功能，与城镇互促互进、共生共存，共同构成人类活动的主要空间。乡村兴则国家兴，乡村衰则国家衰。我国人民日益增长的美好生活需要和不平衡不充分的发展之间的矛盾在乡村最为突出，我国仍处于并将长期处于社会主义初级阶段的特征很大程度上表现在乡村。全面建成小康社会和全面建设社会主义现代化强国，最艰巨最繁重的任务在农村，最广泛最深厚的基础在农村，最大的潜力和后劲也在农村。实施乡村振兴战略，是解决新时代我国社会主要矛盾、实现“两个一百年”奋斗目标和中华民族伟大复兴中国梦的必然要求，具有重大现实意义和深远历史意义。

实施乡村振兴战略是建设现代化经济体系的重要基础。农业是国民经济的基础，农村经济是现代化经济体系的重要组成部分。乡村振兴，产业兴旺是重点。实施乡村振兴战略，深化农业供给侧结构性改革，构建现代农业产业体系、生产体系、经营体系，实现农村一二三产业深度融合发展，有利于推动农业从增产导向转向提质导向，增强我国农业创新力和竞争力，为建设现代化经济体系奠定坚实基础。

实施乡村振兴战略是建设美丽中国的关键举措。农业是生态产品的重要供给者，乡村是生态涵养的主体区，生态是乡村最大的发展优势。乡村振兴，生态宜居是关键。实施乡村振兴战略，统筹山水林田湖草系统治理，加快推行乡村绿色发展方式，加强农村人居环境整治，有利于构建人与自然和谐共生的乡村发展新格局，实现百姓富、生态美的统一。

实施乡村振兴战略是传承中华优秀传统文化的有效途径。中华文明根植于农耕文化，乡村是中华文明的基本载体。乡村振兴，乡风文明是保障。实施乡村振兴战略，深入挖掘农耕文化蕴含的优秀思想观念、人文精神、道德规范，结合时代要求在保护传承的基础上创造性转化、创新性发展，有利于在新时代焕发出乡风文明的新气象，进一步丰富和传承中华优秀传统文化。

实施乡村振兴战略是健全现代社会治理格局的固本之策。社会治理的基础在基层，薄弱环节在乡村。乡村振兴，治理有效是基础。实施乡村振兴战略，加强农村基层基础工作，健全乡村治理体系，确保广大农民安居乐业、农村社会安定有序，有利于打造共建共治共享的现代社会治理格局，推进国家治理体系和治理能力现代化。

实施乡村振兴战略是实现全体人民共同富裕的必然选择。农业强不强、农村美不美、农民富不富，关乎亿万农民的获得感、幸福感、安全感，关乎全面建成小康社会全局。乡村振兴，生活富裕是根本。实施乡村振兴战略，不断拓宽农民增收渠道，全面改善农村生产生活条件，促进社会公平正义，有利于增进农民福祉，让亿万农民走上共同富裕的道路，汇聚起建设社会主义现代化强国的磅礴力量。

第三章　发展态势

从2018年到2022年，是实施乡村振兴战略的第一个5年，既有难得机遇，又面临严峻挑战。从国际环境看，全球经济复苏态势有望延续，我国统筹利用国内国际两个市场两种资源的空间将进一步拓展，同时国际农产品贸易不稳定性不确定性仍然突出，提高我国农业竞争力、妥善应对国际市场风险任务紧迫。特别是我国作为人口大国，粮食及重要农产品需求仍将刚性增长，保障国家粮食安全始终是头等大事。从国内形势看，随着我国经济由高速增长阶段转向高质量发展阶段，以及工业化、城镇化、信息化深入推进，乡村发展将处于大变革、大转型的关键时期。居民消费结构加快升级，中高端、多元化、个性化消费需求将快速增长，加快推进农业由增产导向转向提质导向是必然要求。我国城镇化进入快速发展与质量提升的新阶段，城市辐射带动农村的能力进一步增强，但大量农民仍然生活在农村的国情不会改变，迫切需要重塑城乡关系。我国乡村差异显著，多样性分化的趋势仍将延续，乡村的独特价值和多元功能将进一步得到发掘和拓展，同时应对好村庄空心化和农村老龄化、延续乡村文化血脉、完善乡村治理体系的任务艰巨。

实施乡村振兴战略具备较好条件。有习近平总书记把舵定向，有党中央、国务院的高度重视、坚强领导、科学决策，实施乡村振兴战略写入党章，成为全党的共同意志，乡村振兴具有根本政治保障。社会主义制度能够集中力量办大事，强农惠农富农政策力度不断加大，农村土地集体所有制和双层经营体制不断完善，乡村振兴具有坚强制度保障。优秀农耕文明源远流长，寻根溯源的人文情怀和国人的乡村情结历久弥深，现代城市文明导入融汇，乡村振兴具有深厚文化土壤。国家经济实力和综合国力日益增强，对农业农村支持力度不断加大，农村生产生活条件加快改善，农民收入持续增长，乡村振兴具有雄厚物质基础。农业现代化和社会主义新农村建设取得历史性成就，各地积累了丰富的成功经验和做法，乡村振兴具有扎实工作基础。

实施乡村振兴战略，是党对“三农”工作一系列方针政策的继承和发展，是亿万农民的殷切期盼。必须抓住机遇，迎接挑战，发挥优势，顺势而为，努力开创农业农村发展新局面，推动农业全面升级、农村全面进步、农民全面发展，谱写新时代乡村全面振兴新篇章。

第二篇 总体要求

按照到2020年实现全面建成小康社会和分两个阶段实现第二个百年奋斗目标的战略部署，2018年至2022年这5年间，既要在农村实现全面小康，又要为基本实现农业农村现代化开好局、起好步、打好基础。

第四章 指导思想和基本原则

第一节 指导思想

深入贯彻习近平新时代中国特色社会主义思想，深入贯彻党的十九大和十九届二中、三中全会精神，加强党对“三农”工作的全面领导，坚持稳中求进工作总基调，牢固树立新发展理念，落实高质量发展要求，紧紧围绕统筹推进“五位一体”总体布局和协调推进“四个全面”战略布局，坚持把解决好“三农”问题作为全党工作重中之重，坚持农业农村优先发展，按照产业兴旺、生态宜居、乡风文明、治理有效、生活富裕的总要求，建立健全城乡融合发展体制机制和政策体系，统筹推进农村经济建设、政治建设、文化建设、社会建设、生态文明建设和党的建设，加快推进乡村治理体系和治理能力现代化，加快推进农业农村现代化，走中国特色社会主义乡村振兴道路，让农业成为有奔头的产业，让农民成为有吸引力的职业，让农村成为安居乐业的美丽家园。

第二节 基本原则

——坚持党管农村工作。毫不动摇地坚持和加强党对农村工作的领导，健全党管农村工作方面的领导体制机制和党内法规，确保党在农村工作中始终总揽全局、协调各方，为乡村振兴提供坚强有力的政治保障。

——坚持农业农村优先发展。把实现乡村振兴作为全党的共同意志、共同行动，做到认识统一、步调一致，在干部配备上优先考虑，在要素配置上优先满足，在资金投入上优先保障，在公共服务上优先安排，加快补齐农业农村短板。

——坚持农民主体地位。充分尊重农民意愿，切实发挥农民在乡村振兴中的主体作用，调动亿万农民的积极性、主动性、创造性，把维护农民群众根本利益、促进农民共同富裕作为出发点和落脚点，促进农民持续增收，不断提升农民的获得感、幸福感、安全感。

——坚持乡村全面振兴。准确把握乡村振兴的科学内涵，挖掘乡村多种功能和价值，统筹谋划农村经济建设、政治建设、文化建设、社会建设、生态文明建设和党的建设，注重协同性、关联性，整体部署，协调推进。

——坚持城乡融合发展。坚决破除体制机制弊端，使市场在资源配置中起决定性作用，更好发挥政府作用，推动城乡要素自由流动、平等交换，推动新型工业化、信息化、城镇化、农业现代化同步发展，加快形成工农互促、城乡互补、全面融合、共同繁荣的新型工农城乡关系。

——坚持人与自然和谐共生。牢固树立和践行绿水青山就是金山银山的理念，落实节约优先、保护优先、自然恢复为主的方针，统筹山水林田湖草系统治理，严守生态保护红线，以绿色发展引领乡村振兴。

——坚持改革创新、激发活力。不断深化农村改革，扩大农业对外开放，激活主体、激活要素、激活市场，调动各方力量投身乡村振兴。以科技创新引领和支撑乡村振兴，以人才汇聚推动和保障乡村振兴，增强农业农村自我发展动力。

——坚持因地制宜、循序渐进。科学把握乡村的差异性和发展走势分化特征，做好顶层设计，注重规划先行、因势利导，分类施策、突出重点，体现特色、丰富多彩。既尽力而为，又量力而行，不搞层层加码，不搞一刀切，不搞形式主义和形象工程，久久为功，扎实推进。

第五章　发展目标

到2020年，乡村振兴的制度框架和政策体系基本形成，各地区各部门乡村振兴的思路举措得以确立，全面建成小康社会的目标如期实现。到2022年，乡村振兴的制度框架和政策体系初步健全。国家粮食安全保障水平进一步提高，现代农业体系初步构建，农业绿色发展全面推进；农村一二三产业融合发展格局初步形成，乡村产业加快发展，农民收入水平进一步提高，脱贫攻坚成果得到进一步巩固；农村基础设施条件持续改善，城乡统一的社会保障制度体系基本建立；农村人居环境显著改善，生态宜居的美丽乡村建设扎实推进；城乡融合发展体制机制初步建立，农村基本公共服务水平进一步提升；乡村优秀传统文化得以传承和发展，农民精神文化生活需求基本得到满足；以党组织为核心的农村基层组织建设明显加强，乡村治理能力进一步提升，现代乡村治理体系初步构建。探索形成一批各具特色的乡村振兴模式和经验，乡村振兴取得阶段性成果。

第六章　远景谋划

到2035年，乡村振兴取得决定性进展，农业农村现代化基本实现。农业结构得到根本性改善，农民就业质量显著提高，相对贫困进一步缓解，共同富裕迈出坚实步伐；城乡基本公共服务均等化基本实现，城乡融合发展体制机制更加完善；乡风文明达到新高度，乡村治理体系更加完善；农村生态环境根本好转，生态宜居的美丽乡村基本实现。

到2050年，乡村全面振兴，农业强、农村美、农民富全面实现。

第三篇　构建乡村振兴新格局

坚持乡村振兴和新型城镇化双轮驱动，统筹城乡国土空间开发格局，优化乡村生产生活生态空间，分类推进乡村振兴，打造各具特色的现代版“富春山居图”。

第七章　统筹城乡发展空间

按照主体功能定位，对国土空间的开发、保护和整治进行全面安排和总体布局，推进“多规合一”，加快形成城乡融合发展的空间格局。

第一节　强化空间用途管制

强化国土空间规划对各专项规划的指导约束作用，统筹自然资源开发利用、保护和修复，按照不同主体功能定位和陆海统筹原则，开展资源环境承载能力和国土空间开发适宜性评价，科学划定生态、农业、城镇等空间和生态保护红线、永久基本农田、城镇开发边界及海洋生物资源保护线、围填海控制线等主要控制线，推动主体功能区战略格局在市县层面精准落地，健全不同主体功能区差异化协同发展长效机制，实现山水林田湖草整体保护、系统修复、综合治理。

第二节　完善城乡布局结构

以城市群为主体构建大中小城市和小城镇协调发展的城镇格局，增强城镇地区对乡村的带动能力。加快发展中小城市，完善县城综合服务功能，推动农业转移人口就地就近城镇化。因地制宜发展特色鲜明、产城融合、充满魅力的特色小镇和小城镇，加强以乡镇政府驻地为中心的农民生活圈建设，以镇带村、以村促镇，推动镇村联动发展。建设生态宜居的美丽乡村，发挥多重功能，提供优质产品，传承乡村文化，留住乡愁记忆，满足人民日益增长的美好生活需要。

第三节　推进城乡统一规划

通盘考虑城镇和乡村发展，统筹谋划产业发展、基础设施、公共服务、资源能源、生态环境保护等主要布局，形成田园乡村与现代城镇各具特色、交相辉映的城乡发展形态。强化县域空间规划和各类专项规划引导约束作用，科学安排县域乡村布局、资源利用、设施配置和村庄整治，推动村庄规划管理全覆盖。综合考虑村庄演变规律、集聚特点和现状分布，结合农民生产生活半径，合理确定县域村庄布局和规模，避免随意撤并村庄搞大社区、违背农民意愿大拆大建。加强乡村风貌整体管控，注重农房单体个性设计，建设立足乡土社会、富有地域特色、承载田园乡愁、体现现代文明的升级版乡村，避免千村一面，防止乡村景观城市化。

第八章　优化乡村发展布局

坚持人口资源环境相均衡、经济社会生态效益相统一，打造集约高效生产空间，营造宜居适度生活空间，保护山清水秀生态空间，延续人和自然有机融合的乡村空间关系。

第一节　统筹利用生产空间

乡村生产空间是以提供农产品为主体功能的国土空间，兼具生态功能。围绕保障国家粮食安全和重要农产品供给，充分发挥各地比较优势，重点建设以“七区二十三带”为主体的农产品主产区。落实农业功能区制度，科学合理划定粮食生产功能区、重要农产品生产保护区和特色农产品优势区，合理划定养殖业适养、限养、禁养区域，严格保护农业生产空间。适应农村现代产业发展需要，科学划分乡村经济发展片区，统筹推进农业产业园、科技园、创业园等各类园区建设。

第二节　合理布局生活空间

乡村生活空间是以农村居民点为主体、为农民提供生产生活服务的国土空间。坚持节约集约用地，遵循乡村传统肌理和格局，划定空间管控边界，明确用地规模和管控要求，确定基础设施用地位置、规模和建设标准，合理配置公共服务设施，引导生活空间尺度适宜、布局协调、功能齐全。充分维护原生态村居风貌，保留乡村景观特色，保护自然和人文环境，注重融入时代感、现代性，强化空间利用的人性化、多样化，着力构建便捷的生活圈、完善的服务圈、繁荣的商业圈，让乡村居民过上更舒适的生活。

第三节　严格保护生态空间

乡村生态空间是具有自然属性、以提供生态产品或生态服务为主体功能的国土空间。加快构建以“两屏三带”为骨架的国家生态安全屏障，全面加强国家重点生态功能区保护，建立以国家公园为主体的自然保护地体系。树立山水林田湖草是一个生命共同体的理念，加强对自然生态空间的整体保护，修复和改善乡村生态环境，提升生态功能和服务价值。全面实施产业准入负面清单制度，推动各地因地制宜制定禁止和限制发展产业目录，明确产业发展方向和开发强度，强化准入管理和底线约束。

第九章　分类推进乡村发展

顺应村庄发展规律和演变趋势，根据不同村庄的发展现状、区位条件、资源禀赋等，按照集聚提升、融入城镇、特色保护、搬迁撤并的思路，分类推进乡村振兴，不搞一刀切。

第一节　集聚提升类村庄

现有规模较大的中心村和其他仍将存续的一般村庄，占乡村类型的大多数，是乡村振兴的重点。科学确定村庄发展方向，在原有规模基础上有序推进改造提升，激活产业、优化环境、提振人气、增添活力，保护保留乡村风貌，建设宜居宜业的美丽村庄。鼓励发挥自身比较优势，强化主导产业支撑，支持农业、工贸、休闲服务等专业化村庄发展。加强海岛村庄、国有农场及林场规划建设，改善生产生活条件。

第二节 城郊融合类村庄

城市近郊区以及县城城关镇所在地的村庄，具备成为城市后花园的优势，也具有向城市转型的条件。综合考虑工业化、城镇化和村庄自身发展需要，加快城乡产业融合发展、基础设施互联互通、公共服务共建共享，在形态上保留乡村风貌，在治理上体现城市水平，逐步强化服务城市发展、承接城市功能外溢、满足城市消费需求能力，为城乡融合发展提供实践经验。

第三节 特色保护类村庄

历史文化名村、传统村落、少数民族特色村寨、特色景观旅游名村等自然历史文化特色资源丰富的村庄，是彰显和传承中华优秀传统文化的重要载体。统筹保护、利用与发展的关系，努力保持村庄的完整性、真实性和延续性。切实保护村庄的传统选址、格局、风貌以及自然和田园景观等整体空间形态与环境，全面保护文物古迹、历史建筑、传统民居等传统建筑。尊重原住居民生活形态和传统习惯，加快改善村庄基础设施和公共环境，合理利用村庄特色资源，发展乡村旅游和特色产业，形成特色资源保护与村庄发展的良性互促机制。

第四节 搬迁撤并类村庄

对位于生存条件恶劣、生态环境脆弱、自然灾害频发等地区的村庄，因重大项目建设需要搬迁的村庄，以及人口流失特别严重的村庄，可通过易地扶贫搬迁、生态宜居搬迁、农村集聚发展搬迁等方式，实施村庄搬迁撤并，统筹解决村民生计、生态保护等问题。拟搬迁撤并的村庄，严格限制新建、扩建活动，统筹考虑拟迁入或新建村庄的基础设施和公共服务设施建设。坚持村庄搬迁撤并与新型城镇化、农业现代化相结合，依托适宜区域进行安置，避免新建孤立的村落式移民社区。搬迁撤并后的村庄原址，因地制宜复垦或还绿，增加乡村生产生态空间。农村居民点迁建和村庄撤并，必须尊重农民意愿并经村民会议同意，不得强制农民搬迁和集中上楼。

第六篇　建设生态宜居的美丽乡村

牢固树立和践行绿水青山就是金山银山的理念，坚持尊重自然、顺应自然、保护自然，统筹山水林田湖草系统治理，加快转变生产生活方式，推动乡村生态振兴，建设生活环境整洁优美、生态系统稳定健康、人与自然和谐共生的生态宜居美丽乡村。

第二十章　持续改善农村人居环境

以建设美丽宜居村庄为导向，以农村垃圾、污水治理和村容村貌提升为主攻方向，开展农村人居环境整治行动，全面提升农村人居环境质量。

第一节　加快补齐突出短板

推进农村生活垃圾治理，建立健全符合农村实际、方式多样的生活垃圾收运处置体系，有条件的地区推行垃圾就地分类和资源化利用。开展非正规垃圾堆放点排查整治。实施“厕所革命”，结合各地实际普及不同类型的卫生厕所，推进厕所粪污无害化处理和资源化利用。梯次推进农村生活污水治理，有条件的地区推动城镇污水管网向周边村庄延伸覆盖。逐步消除农村黑臭水体，加强农村饮用水水源地保护。

第二节　着力提升村容村貌

科学规划村庄建筑布局，大力提升农房设计水平，突出乡土特色和地域民族特点。加快推进通村组道路、入户道路建设，基本解决村内道路泥泞、村民出行不便等问题。全面推进乡村绿化，建设具有乡村特色的绿化景观。完善村庄公共照明设施。整治公共空间和庭院环境，消除私搭乱建、乱堆乱放。继续推进城乡环境卫生整洁行动，加大卫生乡镇创建工作力度。鼓励具备条件的地区集中连片建设生态宜居的美丽乡村，综合提升田水路林村风貌，促进村庄形态与自然环境相得益彰。

第三节　建立健全整治长效机制

全面完成县域乡村建设规划编制或修编，推进实用性村庄规划编制实施，加强乡村建设规划许可管理。建立农村人居环境建设和管护长效机制，发挥村民主体作用，鼓励专业化、市场化建设和运行管护。推行环境治理依效付费制度，健全服务绩效评价考核机制。探索建立垃圾污水处理农户付费制度，完善财政补贴和农户付费合理分担机制。依法简化农村人居环境整治建设项目审批程序和招标投标程序。完善农村人居环境标准体系。

第二十一章　加强乡村生态保护与修复

大力实施乡村生态保护与修复重大工程，完善重要生态系统保护制度，促进乡村生产生活环境稳步改善，自然生态系统功能和稳定性全面提升，生态产品供给能力进一步增强。

第一节　实施重要生态系统保护和修复重大工程

统筹山水林田湖草系统治理，优化生态安全屏障体系。大力实施大规模国土绿化行动，全面建设三北、长江等重点防护林体系，扩大退耕还林还草，巩固退耕还林还草成果，推动森林质量精准提升，加强有害生物防治。保护和恢复乡村河湖、湿地生态系统，积极开展农村水生态修复，连通河湖水系，恢复河塘行蓄能力，推进退田还湖还湿、退圩退垸还湖。大力推进荒漠化、石漠化、水土流失综合治理，实施生态清洁小流域建设，推进绿色小水电改造。加快国土综合整治，实施农村土地综合整治重大行动，推进农用地和低效建设用地整理以及历史遗留损毁土地复垦。

第二节　健全重要生态系统保护制度

全面推行河长制湖长制，鼓励将河长湖长体系延伸至村一级。推进河湖饮用水水源保护区划定和立界工作，加强对水源涵养区、蓄洪滞涝区、滨河滨湖带的保护。严格落实自然保护区、风景名胜区、地质遗迹等各类保护地保护制度，支持有条件的地方结合国家公园体制试点，探索对居住在核心区域的农牧民实施生态搬迁试点。

第三节　健全生态保护补偿机制

加大重点生态功能区转移支付力度，建立省以下生态保护补偿资金投入机制。完善重点领域生态保护补偿机制，鼓励地方因地制宜探索通过赎买、租赁、置换、协议、混合所有制等方式加强重点区位森林保护，落实草原生态保护补助奖励政策，建立长江流域重点水域禁捕补偿制度，鼓励各地建立流域上下游等横向补偿机制。推动市场化多元化生态补偿，建立健全用水权、排污权、碳排放权交易制度，形成森林、草原、湿地等生态修复工程参与碳汇交易的有效途径，探索实物补偿、服务补偿、设施补偿、对口支援、干部支持、共建园区、飞地经济等方式，提高补偿的针对性。

第四节　发挥自然资源多重效益

大力发展生态旅游、生态种养等产业，打造乡村生态产业链。进一步盘活森林、草原、湿地等自然资源，允许集体经济组织灵活利用现有生产服务设施用地开展相关经营活动。鼓励各类社会主体参与生态保护修复，对集中连片开展生态修复达到一定规模的经营主体，允许在符合土地管理法律法规和土地利用总体规划、依法办理建设用地审批手续、坚持节约集约用地的前提下，利用1%～3%治理面积从事旅游、康养、体育、设施农业等产业开发。进一步健全自然资源有偿使用制度，研究探索生态资源价值评估方法并开展试点。

第九篇　保障和改善农村民生

坚持人人尽责、人人享有，围绕农民群众最关心最直接最现实的利益问题，加快补齐农村民生短板，提高农村美好生活保障水平，让农民群众有更多实实在在的获得感、幸福感、安全感。

第二十八章 加强农村基础设施建设

继续把基础设施建设重点放在农村，持续加大投入力度，加快补齐农村基础设施短板，促进城乡基础设施互联互通，推动农村基础设施提档升级。

第一节 改善农村交通物流设施条件

以示范县为载体全面推进“四好农村路”建设，深化农村公路管理养护体制改革，健全管理养护长效机制，完善安全防护设施，保障农村地区基本出行条件。推动城市公共交通线路向城市周边延伸，鼓励发展镇村公交，实现具备条件的建制村全部通客车。加大对革命老区、民族地区、边疆地区、贫困地区铁路公益性运输的支持力度，继续开好“慢火车”。加快构建农村物流基础设施骨干网络，鼓励商贸、邮政、快递、供销、运输等企业加大在农村地区的设施网络布局。加快完善农村物流基础设施末端网络，鼓励有条件的地区建设面向农村地区的共同配送中心。

第二节 加强农村水利基础设施网络建设

构建大中小微结合、骨干和田间衔接、长期发挥效益的农村水利基础设施网络，着力提高节水供水和防洪减灾能力。科学有序推进重大水利工程建设，加强灾后水利薄弱环节建设，统筹推进中小型水源工程和抗旱应急能力建设。巩固提升农村饮水安全保障水平，开展大中型灌区续建配套节水改造与现代化建设，有序新建一批节水型、生态型灌区，实施大中型灌排泵站更新改造。推进小型农田水利设施达标提质，实施水系连通和河塘清淤整治等工程建设。

第三节 构建农村现代能源体系

优化农村能源供给结构，大力发展太阳能、浅层地热能、生物质能等，因地制宜开发利用水能和风能。完善农村能源基础设施网络，加快新一轮农村电网升级改造，推动供气设施向农村延伸。加快推进生物质热电联产、生物质供热、规模化生物质天然气和规模化大型沼气等燃料清洁化工程。推进农村能源消费升级，大幅提高电能在农村能源消费中的比重，加快实施北方农村地区冬季清洁取暖，积极稳妥推进散煤替代。推广农村绿色节能建筑和农用节能技术、产品。大力发展“互联网+”智慧能源，探索建设农村能源革命示范区。

第四节　夯实乡村信息化基础

深化电信普遍服务，加快农村地区宽带网络和第四代移动通信网络覆盖步伐。实施新一代信息基础设施建设工程。实施数字乡村战略，加快物联网、地理信息、智能设备等现代信息技术与农村生产生活的全面深度融合，深化农业农村大数据创新应用，推广远程教育、远程医疗、金融服务进村等信息服务，建立空间化、智能化的新型农村统计信息系统。在乡村信息化基础设施建设过程中，同步规划、同步建设、同步实施网络安全工作。

第三十章　增加农村公共服务供给

继续把国家社会事业发展的重点放在农村，促进公共教育、医疗卫生、社会保障等资源向农村倾斜，逐步建立健全全民覆盖、普惠共享、城乡一体的基本公共服务体系，推进城乡基本公共服务均等化。

第一节　优先发展农村教育事业

统筹规划布局农村基础教育学校，保障学生就近享有有质量的教育。科学推进义务教育公办学校标准化建设，全面改善贫困地区义务教育薄弱学校基本办学条件，加强寄宿制学校建设，提升乡村教育质量，实现县域校际资源均衡配置。发展农村学前教育，每个乡镇至少办好1所公办中心幼儿园，完善县乡村学前教育公共服务网络。继续实施特殊教育提升计划。科学稳妥推行民族地区乡村中小学双语教育，坚定不移推行国家通用语言文字教育。实施高中阶段教育普及攻坚计划，提高高中阶段教育普及水平。大力发展面向农村的职业教育，加快推进职业院校布局结构调整，加强县级职业教育中心建设，有针对性地设置专业和课程，满足乡村产业发展和振兴需要。推动优质学校辐射农村薄弱学校常态化，加强城乡教师交流轮岗。积极发展“互联网+教育”，推进乡村学校信息化基础设施建设，优化数字教育资源公共服务体系。

第二节 推进健康乡村建设

深入实施国家基本公共卫生服务项目，完善基本公共卫生服务项目补助政策，提供基础性全方位全周期的健康管理服务。加强慢性病、地方病综合防控，大力推进农村地区精神卫生、职业病和重大传染病防治。深化农村计划生育管理服务改革，落实全面两孩政策。增强妇幼健康服务能力，倡导优生优育。加强基层医疗卫生服务体系建设，基本实现每个乡镇都有1所政府举办的乡镇卫生院，每个行政村都有1所卫生室，每个乡镇卫生院都有全科医生，支持中西部地区基层医疗卫生机构标准化建设和设备提档升级。

第三节 加强农村社会保障体系建设

按照兜底线、织密网、建机制的要求，全面建成覆盖全民、城乡统筹、权责清晰、保障适度、可持续的多层次社会保障体系。进一步完善城乡居民基本养老保险制度，加快建立城乡居民基本养老保险待遇确定和基础养老金标准正常调整机制。完善统一的城乡居民基本医疗保险制度和大病保险制度，做好农民重特大疾病救助工作，健全医疗救助与基本医疗保险、城乡居民大病保险及相关保障制度的衔接机制，巩固城乡居民医保全国异地就医联网直接结算。推进低保制度城乡统筹发展，健全低保标准动态调整机制。全面实施特困人员救助供养制度，提升托底保障能力和服务质量。

第四节 提升农村养老服务能力

适应农村人口老龄化加剧形势，加快建立以居家为基础、社区为依托、机构为补充的多层次农村养老服务体系。以乡镇为中心，建立具有综合服务功能、医养相结合的养老机构，与农村基本公共服务、农村特困供养服务、农村互助养老服务相互配合，形成农村基本养老服务网络。提高乡村卫生服务机构为老年人提供医疗保健服务的能力。支持主要面向失能、半失能老年人的农村养老服务设施建设，推进农村幸福院等互助型养老服务发展，建立健全农村留守老年人关爱服务体系。开发农村康养产业项目。鼓励村集体建设用地优先用于发展养老服务。

第五节 加强农村防灾减灾救灾能力建设

坚持以防为主、防抗救相结合，坚持常态减灾与非常态救灾相统一，全面提高抵御各类灾害综合防范能力。加强农村自然灾害监测预报预警，解决农村预警信息发布“最后一公里”问题。加强防灾减灾工程建设，推进实施自然灾害高风险区农村困难群众危房改造。全面深化森林、草原火灾防控治理。大力推进农村公共消防设施、消防力量和消防安全管理组织建设，改善农村消防安全条件。推进自然灾害救助物资储备体系建设。开展灾害救助应急预案编制和演练，完善应对灾害的政策支持体系和灾后重建工作机制。在农村广泛开展防灾减灾宣传教育。

第十篇 完善城乡融合发展政策体系

顺应城乡融合发展趋势，重塑城乡关系，更好激发农村内部发展活力、优化农村外部发展环境，推动人才、土地、资本等要素双向流动，为乡村振兴注入新动能。

第三十一章 加快农业转移人口市民化

加快推进户籍制度改革，全面实行居住证制度，促进有能力在城镇稳定就业和生活的农业转移人口有序实现市民化。

第一节 健全落户制度

鼓励各地进一步放宽落户条件，除极少数超大城市外，允许农业转移人口在就业地落户，优先解决农村学生升学和参军进入城镇的人口、在城镇就业居住5年以上和举家迁徙的农业转移人口以及新生代进城务工人员落户问题。区分超大城市和特大城市主城区、郊区、新区等区域，分类制定落户政策，重点解决符合条件的普通劳动者落户问题。全面实行居住证制度，确保各地居住证申领门槛不高于国家标准、享受的各项基本公共服务和办事便利不低于国家标准，推进居住证制度覆盖全部未落户城镇常住人口。

第二节　保障享有权益

不断扩大城镇基本公共服务覆盖面，保障符合条件的未落户进城务工人员在流入地平等享受城镇基本公共服务。通过多种方式增加学位供给，保障进城务工人员随迁子女以流入地公办学校为主接受义务教育，以普惠性幼儿园为主接受学前教育。完善就业失业登记管理制度，面向农业转移人口全面提供政府补贴职业技能培训服务。将农业转移人口纳入社区卫生和计划生育服务体系，提供基本医疗卫生服务。把进城落户农民完全纳入城镇社会保障体系，在农村参加的养老保险和医疗保险规范接入城镇社会保障体系，做好基本医疗保险关系转移接续和异地就医结算工作。把进城落户农民完全纳入城镇住房保障体系，对符合条件的采取多种方式满足基本住房需求。

第三节　完善激励机制

维护进城落户农民土地承包权、宅基地使用权、集体收益分配权，引导进城落户农民依法自愿有偿转让上述权益。加快户籍变动与农村“三权”脱钩，不得以退出“三权”作为农民进城落户的条件，促使有条件的农业转移人口放心落户城镇。落实支持农业转移人口市民化财政政策，以及城镇建设用地增加规模与吸纳农业转移人口落户数量挂钩政策，健全由政府、企业、个人共同参与的市民化成本分担机制。

第三十二章 强化乡村振兴人才支撑

实行更加积极、更加开放、更加有效的人才政策，推动乡村人才振兴，让各类人才在乡村大施所能、大展才华、大显身手。

第三节 鼓励社会人才投身乡村建设

建立健全激励机制，研究制定完善相关政策措施和管理办法，鼓励社会人才投身乡村建设。以乡情乡愁为纽带，引导和支持企业家、党政干部、专家学者、医生教师、规划师、建筑师、律师、技能人才等，通过下乡担任志愿者、投资兴业、行医办学、捐资捐物、法律服务等方式服务乡村振兴事业，允许符合要求的公职人员回乡任职。落实和完善融资贷款、配套设施建设补助、税费减免等扶持政策，引导工商资本积极投入乡村振兴事业。继续实施“三区”（边远贫困地区、边疆民族地区和革命老区）人才支持计划，深入推进大学生村官工作，因地制宜实施“三支一扶”、高校毕业生基层成长等计划，开展乡村振兴“巾帼行动”、青春建功行动。建立城乡、区域、校地之间人才培养合作与交流机制。全面建立城市医生教师、科技文化人员等定期服务乡村机制。

第三十三章 加强乡村振兴用地保障

完善农村土地利用管理政策体系，盘活存量，用好流量，辅以增量，激活农村土地资源资产，保障乡村振兴用地需求。

第一节 健全农村土地管理制度

总结农村土地征收、集体经营性建设用地入市、宅基地制度改革试点经验，逐步扩大试点，加快土地管理法修改。探索具体用地项目公共利益认定机制，完善征地补偿标准，建立被征地农民长远生计的多元保障机制。建立健全依法公平取得、节约集约使用、自愿有偿退出的宅基地管理制度。在符合规划和用途管制前提下，赋予农村集体经营性建设用地出让、租赁、入股权能，明确入市范围和途径。建立集体经营性建设用地增值收益分配机制。

第二节　完善农村新增用地保障机制

统筹农业农村各项土地利用活动，乡镇土地利用总体规划可以预留一定比例的规划建设用地指标，用于农业农村发展。根据规划确定的用地结构和布局，年度土地利用计划分配中可安排一定比例新增建设用地指标专项支持农业农村发展。对于农业生产过程中所需各类生产设施和附属设施用地，以及由于农业规模经营必须兴建的配套设施，在不占用永久基本农田的前提下，纳入设施农用地管理，实行县级备案。鼓励农业生产与村庄建设用地复合利用，发展农村新产业新业态，拓展土地使用功能。

第三节　盘活农村存量建设用地

完善农民闲置宅基地和闲置农房政策，探索宅基地所有权、资格权、使用权“三权分置”，落实宅基地集体所有权，保障宅基地农户资格权和农民房屋财产权，适度放活宅基地和农民房屋使用权，不得违规违法买卖宅基地，严格实行土地用途管制，严格禁止下乡利用农村宅基地建设别墅大院和私人会馆。在符合土地利用总体规划前提下，允许县级政府通过村土地利用规划调整优化村庄用地布局，有效利用农村零星分散的存量建设用地。对利用收储农村闲置建设用地发展农村新产业新业态的，给予新增建设用地指标奖励。

第三十四章　健全多元投入保障机制

健全投入保障制度，完善政府投资体制，充分激发社会投资的动力和活力，加快形成财政优先保障、社会积极参与的多元投入格局。

第一节　继续坚持财政优先保障

建立健全实施乡村振兴战略财政投入保障制度，明确和强化各级政府“三农”投入责任，公共财政更大力度向“三农”倾斜，确保财政投入与乡村振兴目标任务相适应。规范地方政府举债融资行为，支持地方政府发行一般债券用于支持乡村振兴领域公益性项目，鼓励地方政府试点发行项目融资和收益自平衡的专项债券，支持符合条件、有一定收益的乡村公益性建设项目。加大政府投资对农业绿色生产、可持续发展、农村人居环境、基本公共服务等重点领域和薄弱环节支持力度，充分发挥投资对优化供给结构的关键性作用。充分发挥规划的引领作用，推进行业内资金整合与行业间资金统筹相互衔接配合，加快建立涉农资金统筹整合长效机制。强化支农资金监督管理，提高财政支农资金使用效益。

第二节 提高土地出让收益用于农业农村比例

开拓投融资渠道，健全乡村振兴投入保障制度，为实施乡村振兴战略提供稳定可靠资金来源。坚持取之于地，主要用之于农的原则，制定调整完善土地出让收入使用范围、提高农业农村投入比例的政策性意见，所筹集资金用于支持实施乡村振兴战略。改进耕地占补平衡管理办法，建立高标准农田建设等新增耕地指标和城乡建设用地增减挂钩节余指标跨省域调剂机制，将所得收益通过支出预算全部用于巩固脱贫攻坚成果和支持实施乡村振兴战略。

第三节 引导和撬动社会资本投向农村

优化乡村营商环境，加大农村基础设施和公用事业领域开放力度，吸引社会资本参与乡村振兴。规范有序盘活农业农村基础设施存量资产，回收资金主要用于补短板项目建设。继续深化“放管服”改革，鼓励工商资本投入农业农村，为乡村振兴提供综合性解决方案。鼓励利用外资开展现代农业、产业融合、生态修复、人居环境整治和农村基础设施等建设。推广一事一议、以奖代补等方式，鼓励农民对直接受益的乡村基础设施建设投工投劳，让农民更多参与建设管护。

第三十五章 加大金融支农力度

健全适合农业农村特点的农村金融体系，把更多金融资源配置到农村经济社会发展的重点领域和薄弱环节，更好满足乡村振兴多样化金融需求。

第一节　健全金融支农组织体系

发展乡村普惠金融。深入推进银行业金融机构专业化体制机制建设，形成多样化农村金融服务主体。指导大型商业银行立足普惠金融事业部等专营机制建设，完善专业化的“三农”金融服务供给机制。完善中国农业银行、中国邮政储蓄银行“三农”金融事业部运营体系，明确国家开发银行、中国农业发展银行在乡村振兴中的职责定位，加大对乡村振兴信贷支持。支持中小型银行优化网点渠道建设，下沉服务重心。推动农村信用社省联社改革，保持农村信用社县域法人地位和数量总体稳定，完善村镇银行准入条件。引导农民合作金融健康有序发展。鼓励证券、保险、担保、基金、期货、租赁、信托等金融资源聚焦服务乡村振兴。

第二节　创新金融支农产品和服务

加快农村金融产品和服务方式创新，持续深入推进农村支付环境建设，全面激活农村金融服务链条。稳妥有序推进农村承包土地经营权、农民住房财产权、集体经营性建设用地使用权抵押贷款试点。探索县级土地储备公司参与农村承包土地经营权和农民住房财产权“两权”抵押试点工作。充分发挥全国信用信息共享平台和金融信用信息基础数据库的作用，探索开发新型信用类金融支农产品和服务。结合农村集体产权制度改革，探索利用量化的农村集体资产股权的融资方式。提高直接融资比重，支持农业企业依托多层次资本市场发展壮大。创新服务模式，引导持牌金融机构通过互联网和移动终端提供普惠金融服务，促进金融科技与农村金融规范发展。

第三节　完善金融支农激励政策

继续通过奖励、补贴、税收优惠等政策工具支持“三农”金融服务。抓紧出台金融服务乡村振兴的指导意见。发挥再贷款、再贴现等货币政策工具的引导作用，将乡村振兴作为信贷政策结构性调整的重要方向。落实县域金融机构涉农贷款增量奖励政策，完善涉农贴息贷款政策，降低农户和新型农业经营主体的融资成本。健全农村金融风险缓释机制，加快完善“三农”融资担保体系。充分发挥好国家融资担保基金的作用，强化担保融资增信功能，引导更多金融资源支持乡村振兴。制定金融机构服务乡村振兴考核评估办法。改进农村金融差异化监管体系，合理确定金融机构发起设立和业务拓展的准入门槛。守住不发生系统性金融风险底线，强化地方政府金融风险防范处置责任。

第十一篇 规划实施

实行中央统筹、省负总责、市县抓落实的乡村振兴工作机制，坚持党的领导，更好履行各级政府职责，凝聚全社会力量，扎实有序推进乡村振兴。

第三十六章 加强组织领导

坚持党总揽全局、协调各方，强化党组织的领导核心作用，提高领导能力和水平，为实现乡村振兴提供坚强保证。

第一节 落实各方责任

强化地方各级党委和政府在实施乡村振兴战略中的主体责任，推动各级干部主动担当作为。坚持工业农业一起抓、城市农村一起抓，把农业农村优先发展原则体现到各个方面。坚持乡村振兴重大事项、重要问题、重要工作由党组织讨论决定的机制，落实党政一把手是第一责任人、五级书记抓乡村振兴的工作要求。县委书记要当好乡村振兴“一线总指挥”，下大力气抓好“三农”工作。各地区要依照国家规划科学编制乡村振兴地方规划或方案，科学制定配套政策和配置公共资源，明确目标任务，细化实化政策措施，增强可操作性。各部门要各司其职、密切配合，抓紧制定专项规划或指导意见，细化落实并指导地方完成国家规划提出的主要目标任务。建立健全规划实施和工作推进机制，加强政策衔接和工作协调。培养造就一支懂农业、爱农村、爱农民的“三农”工作队伍，带领群众投身乡村振兴伟大事业。

第二节　强化法治保障

各级党委和政府要善于运用法治思维和法治方式推进乡村振兴工作，严格执行现行涉农法律法规，在规划编制、项目安排、资金使用、监督管理等方面，提高规范化、制度化、法治化水平。完善乡村振兴法律法规和标准体系，充分发挥立法在乡村振兴中的保障和推动作用。推动各类组织和个人依法依规实施和参与乡村振兴。加强基层执法队伍建设，强化市场监管，规范乡村市场秩序，有效促进社会公平正义，维护人民群众合法权益。

第三节　动员社会参与

搭建社会参与平台，加强组织动员，构建政府、市场、社会协同推进的乡村振兴参与机制。创新宣传形式，广泛宣传乡村振兴相关政策和生动实践，营造良好社会氛围。发挥工会、共青团、妇联、科协、残联等群团组织的优势和力量，发挥各民主党派、工商联、无党派人士等积极作用，凝聚乡村振兴强大合力。建立乡村振兴专家决策咨询制度，组织智库加强理论研究。促进乡村振兴国际交流合作，讲好乡村振兴的中国故事，为世界贡献中国智慧和中国方案。

第四节　开展评估考核

加强乡村振兴战略规划实施考核监督和激励约束。将规划实施成效纳入地方各级党委和政府及有关部门的年度绩效考评内容，考核结果作为有关领导干部年度考核、选拔任用的重要依据，确保完成各项目标任务。建立规划实施督促检查机制，适时开展规划中期评估和总结评估。

第三十七章　有序实现乡村振兴

充分认识乡村振兴任务的长期性、艰巨性，保持历史耐心，避免超越发展阶段，统筹谋划，典型带动，有序推进，不搞齐步走。

第一节　准确聚焦阶段任务

在全面建成小康社会决胜期，重点抓好防范化解重大风险、精准脱贫、污染防治三大攻坚战，加快补齐农业现代化短腿和乡村建设短板。在开启全面建设社会主义现代化国家新征程时期，重点加快城乡融合发展制度设计和政策创新，推动城乡公共资源均衡配置和基本公共服务均等化，推进乡村治理体系和治理能力现代化，全面提升农民精神风貌，为乡村振兴这盘大棋布好局。

第二节　科学把握节奏力度

合理设定阶段性目标任务和工作重点，分步实施，形成统筹推进的工作机制。加强主体、资源、政策和城乡协同发力，避免代替农民选择，引导农民摒弃“等靠要”思想，激发农村各类主体活力，激活乡村振兴内生动力，形成系统高效的运行机制。立足当前发展阶段，科学评估财政承受能力、集体经济实力和社会资本动力，依法合规谋划乡村振兴筹资渠道，避免负债搞建设，防止刮风搞运动，合理确定乡村基础设施、公共产品、制度保障等供给水平，形成可持续发展的长效机制。

第三节　梯次推进乡村振兴

科学把握我国乡村区域差异，尊重并发挥基层首创精神，发掘和总结典型经验，推动不同地区、不同发展阶段的乡村有序实现农业农村现代化。发挥引领区示范作用，东部沿海发达地区、人口净流入城市的郊区、集体经济实力强以及其他具备条件的乡村，到2022年率先基本实现农业农村现代化。推动重点区加速发展，中小城市和小城镇周边以及广大平原、丘陵地区的乡村，涵盖我国大部分村庄，是乡村振兴的主战场，到2035年基本实现农业农村现代化。聚焦攻坚区精准发力，革命老区、民族地区、边疆地区、集中连片特困地区的乡村，到2050年如期实现农业农村现代化。

附录三：《中共中央 国务院关于做好2022年全面推进乡村振兴重点工作的意见》

《中共中央 国务院关于做好2022年全面推进乡村振兴重点工作的意见》

（2022年1月4日）

当前，全球新冠肺炎疫情仍在蔓延，世界经济复苏脆弱，气候变化挑战突出，我国经济社会发展各项任务极为繁重艰巨。党中央认为，从容应对百年变局和世纪疫情，推动经济社会平稳健康发展，必须着眼国家重大战略需要，稳住农业基本盘、做好“三农”工作，接续全面推进乡村振兴，确保农业稳产增产、农民稳步增收、农村稳定安宁。

做好2022年“三农”工作，要以习近平新时代中国特色社会主义思想为指导，全面贯彻党的十九大和十九届历次全会精神，深入贯彻中央经济工作会议精神，坚持稳中求进工作总基调，立足新发展阶段、贯彻新发展理念、构建新发展格局、推动高质量发展，促进共同富裕，坚持和加强党对“三农”工作的全面领导，牢牢守住保障国家粮食安全和不发生规模性返贫两条底线，突出年度性任务、针对性举措、实效性导向，充分发挥农村基层党组织领导作用，扎实有序做好乡村发展、乡村建设、乡村治理重点工作，推动乡村振兴取得新进展、农业农村现代化迈出新步伐。

一、全力抓好粮食生产和重要农产品供给

（一）稳定全年粮食播种面积和产量。坚持中国人的饭碗任何时候都要牢牢端在自己手中，饭碗主要装中国粮，全面落实粮食安全党政同责，严格粮食安全责任制考核，确保粮食播种面积稳定、产量保持在1.3万亿斤以上。主产区、主销区、产销平衡区都要保面积、保产量，不断提高主产区粮食综合生产能力，切实稳定和提高主销区粮食自给率，确保产销平衡区粮食基本自给。推进国家粮食安全产业带建设。大力开展绿色高质高效行动，深入实施优质粮食工程，提升粮食单产和品质。推进黄河流域农业深度节水控水，通过提升用水效率、发展旱作农业，稳定粮食播种面积。积极应对小麦晚播等不利影响，加强冬春田间管理，促进弱苗转壮。

（二）大力实施大豆和油料产能提升工程。加大耕地轮作补贴和产油大县奖励力度，集中支持适宜区域、重点品种、经营服务主体，在黄淮海、西北、西南地区推广玉米大豆带状复合种植，在东北地区开展粮豆轮作，在黑龙江省部分地下水超采区、寒地井灌稻区推进水改旱、稻改豆试点，在长江流域开发冬闲田扩种油菜。开展盐碱地种植大豆示范。支持扩大油茶种植面积，改造提升低产林。

（三）保障“菜篮子”产品供给。加大力度落实“菜篮子”市长负责制。稳定生猪生产长效性支持政策，稳定基础产能，防止生产大起大落。加快扩大牛羊肉和奶业生产，推进草原畜牧业转型升级试点示范。稳定水产养殖面积，提升渔业发展质量。稳定大中城市常年菜地保有量，大力推进北方设施蔬菜、南菜北运基地建设，提高蔬菜应急保供能力。完善棉花目标价格政策。探索开展糖料蔗完全成本保险和种植收入保险。开展天然橡胶老旧胶园更新改造试点。

（四）合理保障农民种粮收益。按照让农民种粮有利可图、让主产区抓粮有积极性的目标要求，健全农民种粮收益保障机制。2022年适当提高稻谷、小麦最低收购价，稳定玉米、大豆生产者补贴和稻谷补贴政策，实现三大粮食作物完全成本保险和种植收入保险主产省产粮大县全覆盖。加大产粮大县奖励力度，创新粮食产销区合作机制。支持家庭农场、农民合作社、农业产业化龙头企业多种粮、种好粮。聚焦关键薄弱环节和小农户，加快发展农业社会化服务，支持农业服务公司、农民合作社、农村集体经济组织、基层供销合作社等各类主体大力发展单环节、多环节、全程生产托管服务，开展订单农业、加工物流、产品营销等，提高种粮综合效益。

（五）统筹做好重要农产品调控。健全农产品全产业链监测预警体系，推动建立统一的农产品供需信息发布制度，分类分品种加强调控和应急保障。深化粮食购销领域监管体制机制改革，开展专项整治，依法从严惩治系统性腐败。加强智能粮库建设，促进人防技防相结合，强化粮食库存动态监管。严格控制以玉米为原料的燃料乙醇加工。做好化肥等农资生产储备调运，促进保供稳价。坚持节约优先，落实粮食节约行动方案，深入推进产运储加消全链条节粮减损，强化粮食安全教育，反对食物浪费。

二、强化现代农业基础支撑

（六）落实“长牙齿”的耕地保护硬措施。实行耕地保护党政同责，严守18亿亩耕地红线。按照耕地和永久基本农田、生态保护红线、城镇开发边界的顺序，统筹划定落实三条控制线，把耕地保有量和永久基本农田保护目标任务足额带位置逐级分解下达，由中央和地方签订耕地保护目标责任书，作为刚性指标实行严格考核、一票否决、终身追责。分类明确耕地用途，严格落实耕地利用优先序，耕地主要用于粮食和棉、油、糖、蔬菜等农产品及饲草饲料生产，永久基本农田重点用于粮食生产，高标准农田原则上全部用于粮食生产。引导新发展林果业上山上坡，鼓励利用“四荒”资源，不与粮争地。落实和完善耕地占补平衡政策，建立补充耕地立项、实施、验收、管护全程监管机制，确保补充可长期稳定利用的耕地，实现补充耕地产能与所占耕地相当。改进跨省域补充耕地国家统筹管理办法。加大耕地执法监督力度，严厉查处违法违规占用耕地从事非农建设。强化耕地用途管制，严格管控耕地转为其他农用地。巩固提升受污染耕地安全利用水平。稳妥有序开展农村乱占耕地建房专项整治试点。巩固“大棚房”问题专项清理整治成果。落实工商资本流转农村土地审查审核和风险防范制度。

（七）全面完成高标准农田建设阶段性任务。多渠道增加投入，2022年建设高标准农田1亿亩，累计建成高效节水灌溉面积4亿亩。统筹规划、同步实施高效节水灌溉与高标准农田建设。各地要加大中低产田改造力度，提升耕地地力等级。研究制定增加农田灌溉面积的规划。实施重点水源和重大引调水等水资源配置工程。加大大中型灌区续建配套与改造力度，在水土资源条件适宜地区规划新建一批现代化灌区，优先将大中型灌区建成高标准农田。深入推进国家黑土地保护工程。实施黑土地保护性耕作8000万亩。积极挖掘潜力增加耕地，支持将符合条件的盐碱地等后备资源适度有序开发为耕地。研究制定盐碱地综合利用规划和实施方案。分类改造盐碱地，推动由主要治理盐碱地适应作物向更多选育耐盐碱植物适应盐碱地转变。支持盐碱地、干旱半干旱地区国家农业高新技术产业示范区建设。启动全国第三次土壤普查。

（八）大力推进种源等农业关键核心技术攻关。全面实施种业振兴行动方案。加快推进农业种质资源普查收集，强化精准鉴定评价。推进种业领域国家重大创新平台建设。启动农业生物育种重大项目。加快实施农业关键核心技术攻关工程，实行“揭榜挂帅”“部省联动”等制度，开展长周期研发项目试点。强化现代农业产业技术体系建设。开展重大品种研发与推广后补助试点。贯彻落实种子法，实行实质性派生品种制度，强化种业知识产权保护，依法严厉打击套牌侵权等违法犯罪行为。

（九）提升农机装备研发应用水平。全面梳理短板弱项，加强农机装备工程化协同攻关，加快大马力机械、丘陵山区和设施园艺小型机械、高端智能机械研发制造并纳入国家重点研发计划予以长期稳定支持。实施农机购置与应用补贴政策，优化补贴兑付方式。完善农机性能评价机制，推进补贴机具有进有出、优机优补，重点支持粮食烘干、履带式作业、玉米大豆带状复合种植、油菜籽收获等农机，推广大型复合智能农机。推动新生产农机排放标准升级。开展农机研发制造推广应用一体化试点。

（十）加快发展设施农业。因地制宜发展塑料大棚、日光温室、连栋温室等设施。集中建设育苗工厂化设施。鼓励发展工厂化集约养殖、立体生态养殖等新型养殖设施。推动水肥一体化、饲喂自动化、环境控制智能化等设施装备技术研发应用。在保护生态环境基础上，探索利用可开发的空闲地、废弃地发展设施农业。

（十一）有效防范应对农业重大灾害。加大农业防灾减灾救灾能力建设和投入力度。修复水毁灾损农业、水利基础设施，加强沟渠疏浚以及水库、泵站建设和管护。加强防汛抗旱应急物资储备。强化农业农村、水利、气象灾害监测预警体系建设，增强极端天气应对能力。加强基层动植物疫病防控体系建设，落实属地责任，配齐配强专业人员，实行定责定岗定人，确保非洲猪瘟、草地贪夜蛾等动植物重大疫病防控责有人负、活有人干、事有人管。做好人兽共患病源头防控。加强外来入侵物种防控管理，做好普查监测、入境检疫、国内防控，对已传入并造成严重危害的，要“一种一策”精准治理、有效灭除。加强中长期气候变化对农业影响研究。

三、坚决守住不发生规模性返贫底线

（十二）完善监测帮扶机制。精准确定监测对象，将有返贫致贫风险和突发严重困难的农户纳入监测范围，简化工作流程，缩短认定时间。针对发现的因灾因病因疫等苗头性问题，及时落实社会救助、医疗保障等帮扶措施。强化监测帮扶责任落实，确保工作不留空当、政策不留空白。继续开展巩固脱贫成果后评估工作。

（十三）促进脱贫人口持续增收。推动脱贫地区更多依靠发展来巩固拓展脱贫攻坚成果，让脱贫群众生活更上一层楼。巩固提升脱贫地区特色产业，完善联农带农机制，提高脱贫人口家庭经营性收入。逐步提高中央财政衔接推进乡村振兴补助资金用于产业发展的比重，重点支持帮扶产业补上技术、设施、营销等短板，强化龙头带动作用，促进产业提档升级。巩固光伏扶贫工程成效，在有条件的脱贫地区发展光伏产业。压实就业帮扶责任，确保脱贫劳动力就业规模稳定。深化东西部劳务协作，做好省内转移就业工作。延续支持帮扶车间发展优惠政策。发挥以工代赈作用，具备条件的可提高劳务报酬发放比例。统筹用好乡村公益岗位，实行动态管理。逐步调整优化生态护林员政策。

（十四）加大对乡村振兴重点帮扶县和易地搬迁集中安置区支持力度。在乡村振兴重点帮扶县实施一批补短板促发展项目。编制国家乡村振兴重点帮扶县巩固拓展脱贫攻坚成果同乡村振兴有效衔接实施方案。做好国家乡村振兴重点帮扶县科技特派团选派，实行产业技术顾问制度，有计划开展教育、医疗干部人才组团式帮扶。建立健全国家乡村振兴重点帮扶县发展监测评价机制。加大对国家乡村振兴重点帮扶县信贷资金投入和保险保障力度。完善易地搬迁集中安置区配套设施和公共服务，持续加大安置区产业培育力度，开展搬迁群众就业帮扶专项行动。落实搬迁群众户籍管理、合法权益保障、社会融入等工作举措，提升安置社区治理水平。

（十五）推动脱贫地区帮扶政策落地见效。保持主要帮扶政策总体稳定，细化落实过渡期各项帮扶政策，开展政策效果评估。拓展东西部协作工作领域，深化区县、村企、学校、医院等结对帮扶。在东西部协作和对口支援框架下，继续开展城乡建设用地增减挂钩节余指标跨省域调剂。持续做好中央单位定点帮扶工作。扎实做好脱贫人口小额信贷工作。创建消费帮扶示范城市和产地示范区，发挥脱贫地区农副产品网络销售平台作用。

四、聚焦产业促进乡村发展

（十六）持续推进农村一二三产业融合发展。鼓励各地拓展农业多种功能、挖掘乡村多元价值，重点发展农产品加工、乡村休闲旅游、农村电商等产业。支持农业大县聚焦农产品加工业，引导企业到产地发展粮油加工、食品制造。推进现代农业产业园和农业产业强镇建设，培育优势特色产业集群，继续支持创建一批国家农村产业融合发展示范园。实施乡村休闲旅游提升计划。支持农民直接经营或参与经营的乡村民宿、农家乐特色村（点）发展。将符合要求的乡村休闲旅游项目纳入科普基地和中小学学农劳动实践基地范围。实施“数商兴农”工程，推进电子商务进乡村。促进农副产品直播带货规范健康发展。开展农业品种培优、品质提升、品牌打造和标准化生产提升行动，推进食用农产品承诺达标合格证制度，完善全产业链质量安全追溯体系。加快落实保障和规范农村一二三产业融合发展用地政策。

（十七）大力发展县域富民产业。支持大中城市疏解产业向县域延伸，引导产业有序梯度转移。大力发展县域范围内比较优势明显、带动农业农村能力强、就业容量大的产业，推动形成“一县一业”发展格局。加强县域基层创新，强化产业链与创新链融合。加快完善县城产业服务功能，促进产业向园区集中、龙头企业做强做大。引导具备条件的中心镇发展专业化中小微企业集聚区，推动重点村发展乡村作坊、家庭工场。

（十八）加强县域商业体系建设。实施县域商业建设行动，促进农村消费扩容提质升级。加快农村物流快递网点布局，实施“快递进村”工程，鼓励发展“多站合一”的乡镇客货邮综合服务站、“一点多能”的村级寄递物流综合服务点，推进县乡村物流共同配送，促进农村客货邮融合发展。支持大型流通企业以县城和中心镇为重点下沉供应链。加快实施“互联网+”农产品出村进城工程，推动建立长期稳定的产销对接关系。推动冷链物流服务网络向农村延伸，整县推进农产品产地仓储保鲜冷链物流设施建设，促进合作联营、成网配套。支持供销合作社开展县域流通服务网络建设提升行动，建设县域集采集配中心。

（十九）促进农民就地就近就业创业。落实各类进城务工人员稳岗就业政策。发挥大中城市就业带动作用。实施县域进城务工人员市民化质量提升行动。鼓励发展共享用工、多渠道灵活就业，规范发展新就业形态，培育发展家政服务、物流配送、养老托育等生活性服务业。推进返乡入乡创业园建设，落实各项扶持政策。大力开展适合进城务工人员就业的技能培训和新职业新业态培训。合理引导灵活就业进城务工人员按规定参加职工基本医疗保险和城镇职工基本养老保险。

（二十）推进农业农村绿色发展。加强农业面源污染综合治理，深入推进农业投入品减量化，加强畜禽粪污资源化利用，推进农膜科学使用回收，支持秸秆综合利用。建设国家农业绿色发展先行区。开展农业绿色发展情况评价。开展水系连通及水美乡村建设。实施生态保护修复重大工程，复苏河湖生态环境，加强天然林保护修复、草原休养生息。科学推进国土绿化。支持牧区发展和牧民增收，落实第三轮草原生态保护补助奖励政策。研发应用减碳增汇型农业技术，探索建立碳汇产品价值实现机制。实施生物多样性保护重大工程。巩固长江禁渔成果，强化退捕渔民安置保障，加强常态化执法监管。强化水生生物养护，规范增殖放流。构建以国家公园为主体的自然保护地体系。出台推进乡村生态振兴的指导意见。

五、扎实稳妥推进乡村建设

（二十一）健全乡村建设实施机制。落实乡村振兴为农民而兴、乡村建设为农民而建的要求，坚持自下而上、村民自治、农民参与，启动乡村建设行动实施方案，因地制宜、有力有序推进。坚持数量服从质量、进度服从实效，求好不求快，把握乡村建设的时度效。立足村庄现有基础开展乡村建设，不盲目拆旧村、建新村，不超越发展阶段搞大融资、大开发、大建设，避免无效投入造成浪费，防范村级债务风险。统筹城镇和村庄布局，科学确定村庄分类，加快推进有条件有需求的村庄编制村庄规划，严格规范村庄撤并。开展传统村落集中连片保护利用示范，健全传统村落监测评估、警示退出、撤并事前审查等机制。保护特色民族村寨。实施“拯救老屋行动”。推动村庄小型建设项目简易审批，规范项目管理，提高资金绩效。总结推广村民自治组织、农村集体经济组织、农民群众参与乡村建设项目的有效做法。明晰乡村建设项目产权，以县域为单位组织编制村庄公共基础设施管护责任清单。

（二十二）接续实施农村人居环境整治提升五年行动。从农民实际需求出发推进农村改厕，具备条件的地方可推广水冲卫生厕所，统筹做好供水保障和污水处理；不具备条件的可建设卫生旱厕。巩固户厕问题摸排整改成果。分区分类推进农村生活污水治理，优先治理人口集中村庄，不适宜集中处理的推进小型化生态化治理和污水资源化利用。加快推进农村黑臭水体治理。推进生活垃圾源头分类减量，加强村庄有机废弃物综合处置利用设施建设，推进就地利用处理。深入实施村庄清洁行动和绿化美化行动。

（二十三）扎实开展重点领域农村基础设施建设。有序推进乡镇通三级及以上等级公路、较大人口规模自然村（组）通硬化路，实施农村公路安全生命防护工程和危桥改造。扎实开展农村公路管理养护体制改革试点。稳步推进农村公路路况自动化检测。推进农村供水工程建设改造，配套完善净化消毒设施设备。深入实施农村电网巩固提升工程。推进农村光伏、生物质能等清洁能源建设。实施农房质量安全提升工程，继续实施农村危房改造和抗震改造，完善农村房屋建设标准规范。加强对用作经营的农村自建房安全隐患整治。

（二十四）大力推进数字乡村建设。推进智慧农业发展，促进信息技术与农机农艺融合应用。加强农民数字素养与技能培训。以数字技术赋能乡村公共服务，推动“互联网+政务服务”向乡村延伸覆盖。着眼解决实际问题，拓展农业农村大数据应用场景。加快推动数字乡村标准化建设，研究制定发展评价指标体系，持续开展数字乡村试点。加强农村信息基础设施建设。

（二十五）加强基本公共服务县域统筹。加快推进以县城为重要载体的城镇化建设。加强普惠性、基础性、兜底性民生建设，推动基本公共服务供给由注重机构行政区域覆盖向注重常住人口服务覆盖转变。实施新一轮学前教育行动计划，多渠道加快农村普惠性学前教育资源建设，办好特殊教育。扎实推进城乡学校共同体建设。深入推进紧密型县域医疗卫生共同体建设，实施医保按总额付费，加强监督考核，实现结余留用、合理超支分担。推动农村基层定点医疗机构医保信息化建设，强化智能监控全覆盖，加强医疗保障基金监管。落实对特殊困难群体参加城乡居民基本医保的分类资助政策。有条件的地方可提供村卫生室运行经费补助，分类落实村医养老保障、医保等社会保障待遇。提升县级敬老院失能照护能力和乡镇敬老院集中供养水平，鼓励在有条件的村庄开展日间照料、老年食堂等服务。加强乡镇便民服务和社会工作服务，实施村级综合服务设施提升工程。健全分层分类的社会救助体系，切实保障困难农民群众基本生活。健全基层党员、干部关爱联系制度，经常探访空巢老人、留守儿童、残疾人。完善未成年人关爱保护工作网络。

六、突出实效改进乡村治理

（二十六）加强农村基层组织建设。强化县级党委抓乡促村职责，深化乡镇管理体制改革，健全乡镇党委统一指挥和统筹协调机制，加强乡镇、村集中换届后领导班子建设，全面开展农村基层干部乡村振兴主题培训。持续排查整顿软弱涣散村党组织。发挥驻村第一书记和工作队抓党建促乡村振兴作用。完善村级重要事项、重大问题经村党组织研究讨论机制，全面落实“四议两公开”制度。深入开展市县巡察，强化基层监督，加强基层纪检监察组织与村务监督委员会的沟通协作、有效衔接，强化对村干部的监督。健全党组织领导的自治、法治、德治相结合的乡村治理体系，推行网格化管理、数字化赋能、精细化服务。推进村委会规范化建设。深化乡村治理体系建设试点示范。开展村级议事协商创新实验。推广村级组织依法自治事项、依法协助政府工作事项等清单制，规范村级组织机构牌子和证明事项，推行村级基础信息统计“一张表”制度，减轻村级组织负担。

（二十七）创新农村精神文明建设有效平台载体。依托新时代文明实践中心、县级融媒体中心等平台开展对象化分众化宣传教育，弘扬和践行社会主义核心价值观。在乡村创新开展“听党话、感党恩、跟党走”宣传教育活动。探索统筹推动城乡精神文明融合发展的具体方式，完善全国文明村镇测评体系。启动实施文化产业赋能乡村振兴计划。整合文化惠民活动资源，支持农民自发组织开展村歌、“村晚”、广场舞、趣味运动会等体现农耕农趣农味的文化体育活动。办好中国农民丰收节。加强农耕文化传承保护，推进非物质文化遗产和重要农业文化遗产保护利用。推广积分制等治理方式，有效发挥村规民约、家庭家教家风作用，推进农村婚俗改革试点和殡葬习俗改革，开展高价彩礼、大操大办等移风易俗重点领域突出问题专项治理。

（二十八）切实维护农村社会平安稳定。推进更高水平的平安法治乡村建设。创建一批“枫桥式公安派出所”、“枫桥式人民法庭”。常态化开展扫黑除恶斗争，持续打击“村霸”。防范黑恶势力、家族宗族势力等对农村基层政权的侵蚀和影响。依法严厉打击农村黄赌毒和侵害农村妇女儿童人身权利的违法犯罪行为。加强农村法治宣传教育。加强基层社会心理服务和危机干预，构建一站式多元化矛盾纠纷化解机制。加强农村宗教工作力量。统筹推进应急管理与乡村治理资源整合，加快推进农村应急广播主动发布终端建设，指导做好人员紧急转移避险工作。开展农村交通、消防、安全生产、自然灾害、食品药品安全等领域风险隐患排查和专项治理，依法严厉打击农村制售假冒伪劣农资、非法集资、电信诈骗等违法犯罪行为。加强农业综合行政执法能力建设。落实基层医疗卫生机构疾病预防控制责任。健全农村新冠肺炎疫情常态化防控工作体系，严格落实联防联控、群防群控措施。

七、加大政策保障和体制机制创新力度

（二十九）扩大乡村振兴投入。继续把农业农村作为一般公共预算优先保障领域，中央预算内投资进一步向农业农村倾斜，压实地方政府投入责任。加强考核监督，稳步提高土地出让收入用于农业农村的比例。支持地方政府发行政府债券用于符合条件的乡村振兴公益性项目。提高乡村振兴领域项目储备质量。强化预算绩效管理和监督。

（三十）强化乡村振兴金融服务。对机构法人在县域、业务在县域、资金主要用于乡村振兴的地方法人金融机构，加大支农支小再贷款、再贴现支持力度，实施更加优惠的存款准备金政策。支持各类金融机构探索农业农村基础设施中长期信贷模式。加快农村信用社改革，完善省（自治区）农村信用社联合社治理机制，稳妥化解风险。完善乡村振兴金融服务统计制度，开展金融机构服务乡村振兴考核评估。深入开展农村信用体系建设，发展农户信用贷款。加强农村金融知识普及教育和金融消费权益保护。积极发展农业保险和再保险。优化完善“保险+期货”模式。强化涉农信贷风险市场化分担和补偿，发挥好农业信贷担保作用。

（三十一）加强乡村振兴人才队伍建设。发现和培养使用农业领域战略科学家。启动“神农英才”计划，加快培养科技领军人才、青年科技人才和高水平创新团队。深入推行科技特派员制度。实施高素质农民培育计划、乡村产业振兴带头人培育“头雁”项目、乡村振兴青春建功行动、乡村振兴巾帼行动。落实艰苦边远地区基层事业单位公开招聘倾斜政策，对县以下基层专业技术人员开展职称评聘“定向评价、定向使用”工作，对中高级专业技术岗位实行总量控制、比例单列。完善耕读教育体系。优化学科专业结构，支持办好涉农高等学校和职业教育。培养乡村规划、设计、建设、管理专业人才和乡土人才。鼓励地方出台城市人才下乡服务乡村振兴的激励政策。

（三十二）抓好农村改革重点任务落实。开展第二轮土地承包到期后再延长30年整县试点。巩固提升农村集体产权制度改革成果，探索建立农村集体资产监督管理服务体系，探索新型农村集体经济发展路径。稳慎推进农村宅基地制度改革试点，规范开展房地一体宅基地确权登记。稳妥有序推进农村集体经营性建设用地入市。推动开展集体经营性建设用地使用权抵押融资。依法依规有序开展全域土地综合整治试点。深化集体林权制度改革。健全农垦国有农用地使用权管理制度。开展农村产权流转交易市场规范化建设试点。制定新阶段深化农村改革实施方案。

八、坚持和加强党对“三农”工作的全面领导

（三十三）压实全面推进乡村振兴责任。制定乡村振兴责任制实施办法，明确中央和国家机关各部门推进乡村振兴责任，强化五级书记抓乡村振兴责任。开展省级党政领导班子和领导干部推进乡村振兴战略实绩考核。完善市县党政领导班子和领导干部推进乡村振兴战略实绩考核制度，鼓励地方对考核排名靠前的市县给予适当激励，对考核排名靠后、履职不力的进行约谈。落实各级党委和政府负责同志乡村振兴联系点制度。借鉴推广浙江“千万工程”经验，鼓励地方党委和政府开展现场观摩、交流学习等务实管用活动。开展《乡村振兴战略规划（2018－2022年）》实施总结评估。加强集中换届后各级党政领导干部特别是分管“三农”工作的领导干部培训。

（三十四）建强党的农村工作机构。各级党委农村工作领导小组要发挥“三农”工作牵头抓总、统筹协调等作用，一体承担巩固拓展脱贫攻坚成果、全面推进乡村振兴议事协调职责。推进

各级党委农村工作领导小组议事协调规范化制度化建设，建立健全重点任务分工落实机制，协同推进乡村振兴。加强各级党委农村工作领导小组办公室建设，充实工作力量，完善运行机制，强化决策参谋、统筹协调、政策指导、推动落实、督导检查等职责。

（三十五）抓点带面推进乡村振兴全面展开。开展“百县千乡万村”乡村振兴示范创建，采取先创建后认定方式，分级创建一批乡村振兴示范县、示范乡镇、示范村。推进农业现代化示范区创建。广泛动员社会力量参与乡村振兴，深入推进“万企兴万村”行动。按规定建立乡村振兴表彰激励制度。

让我们紧密团结在以习近平同志为核心的党中央周围，真抓实干，埋头苦干，奋力开创全面推进乡村振兴新局面，以实际行动迎接党的二十大胜利召开！

附录四：《中华人民共和国乡村振兴促进法》

《中华人民共和国乡村振兴促进法》

（2021年4月29日第十三届全国人民代表大会常务委员会第二十八次会议通过）

第一章　总则

第一条　为了全面实施乡村振兴战略，促进农业全面升级、农村全面进步、农民全面发展，加快农业农村现代化，全面建设社会主义现代化国家，制定本法。

第二条　全面实施乡村振兴战略，开展促进乡村产业振兴、人才振兴、文化振兴、生态振兴、组织振兴，推进城乡融合发展等活动，适用本法。

本法所称乡村，是指城市建成区以外具有自然、社会、经济特征和生产、生活、生态、文化等多重功能的地域综合体，包括乡镇和村庄等。

第三条　促进乡村振兴应当按照产业兴旺、生态宜居、乡风文明、治理有效、生活富裕的总要求，统筹推进农村经济建设、政治建设、文化建设、社会建设、生态文明建设和党的建设，充分发挥乡村在保障农产品供给和粮食安全、保护生态环境、传承发展中华民族优秀传统文化等方面的特有功能。

第四条　全面实施乡村振兴战略，应当坚持中国共产党的领导，贯彻创新、协调、绿色、开放、共享的新发展理念，走中国特色社会主义乡村振兴道路，促进共同富裕，遵循以下原则：

（一）坚持农业农村优先发展，在干部配备上优先考虑，在要素配置上优先满足，在资金投入上优先保障，在公共服务上优先安排；

（二）坚持农民主体地位，充分尊重农民意愿，保障农民民主权利和其他合法权益，调动农民的积极性、主动性、创造性，维护农民根本利益；

（三）坚持人与自然和谐共生，统筹山水林田湖草沙系统治理，推动绿色发展，推进生态文明建设；

（四）坚持改革创新，充分发挥市场在资源配置中的决定性作用，更好发挥政府作用，推进农业供给侧结构性改革和高质量发展，不断解放和发展乡村社会生产力，激发农村发展活力；

（五）坚持因地制宜、规划先行、循序渐进，顺应村庄发展规律，根据乡村的历史文化、发展现状、区位条件、资源禀赋、产业基础分类推进。

第五条　国家巩固和完善以家庭承包经营为基础、统分结合的双层经营体制，发展壮大农村集体所有制经济。

第六条　国家建立健全城乡融合发展的体制机制和政策体系，推动城乡要素有序流动、平等交换和公共资源均衡配置，坚持以工补农、以城带乡，推动形成工农互促、城乡互补、协调发展、共同繁荣的新型工农城乡关系。

第七条　国家坚持以社会主义核心价值观为引领，大力弘扬民族精神和时代精神，加强乡村优秀传统文化保护和公共文化服务体系建设，繁荣发展乡村文化。

每年农历秋分日为中国农民丰收节。

第八条　国家实施以我为主、立足国内、确保产能、适度进口、科技支撑的粮食安全战略，坚持藏粮于地、藏粮于技，采取措施不断提高粮食综合生产能力，建设国家粮食安全产业带，完善粮食加工、流通、储备体系，确保谷物基本自给、口粮绝对安全，保障国家粮食安全。

国家完善粮食加工、储存、运输标准，提高粮食加工出品率和利用率，推动节粮减损。

第九条　国家建立健全中央统筹、省负总责、市县乡抓落实的乡村振兴工作机制。

各级人民政府应当将乡村振兴促进工作纳入国民经济和社会发展规划，并建立乡村振兴考核评价制度、工作年度报告制度和监督检查制度。

第十条　国务院农业农村主管部门负责全国乡村振兴促进工作的统筹协调、宏观指导和监督检查；国务院其他有关部门在各自职责范围内负责有关的乡村振兴促进工作。

县级以上地方人民政府农业农村主管部门负责本行政区域内乡村振兴促进工作的统筹协调、指导和监督检查；县级以上地方人民政府其他有关部门在各自职责范围内负责有关的乡村振兴促进工作。

第十一条　各级人民政府及其有关部门应当采取多种形式，广泛宣传乡村振兴促进相关法律法规和政策，鼓励、支持人民团体、社会组织、企事业单位等社会各方面参与乡村振兴促进相关活动。

对在乡村振兴促进工作中作出显著成绩的单位和个人，按照国家有关规定给予表彰和奖励。

第二章　产业发展

第十二条　国家完善农村集体产权制度，增强农村集体所有制经济发展活力，促进集体资产保值增值，确保农民受益。

各级人民政府应当坚持以农民为主体，以乡村优势特色资源为依托，支持、促进农村一二三产业融合发展，推动建立现代农业产业体系、生产体系和经营体系，推进数字乡村建设，培育新产业、新业态、新模式和新型农业经营主体，促进小农户和现代农业发展有机衔接。

第十三条　国家采取措施优化农业生产力布局，推进农业结构调整，发展优势特色产业，保障粮食和重要农产品有效供给和质量安全，推动品种培优、品质提升、品牌打造和标准化生产，推动农业对外开放，提高农业质量、效益和竞争力。

国家实行重要农产品保障战略，分品种明确保障目标，构建科学合理、安全高效的重要农产品供给保障体系。

第十四条　国家建立农用地分类管理制度，严格保护耕地，严格控制农用地转为建设用地，严格控制耕地转为林地、园地等其他类型农用地。省、自治区、直辖市人民政府应当采取措施确保耕地总量不减少、质量有提高。

国家实行永久基本农田保护制度，建设粮食生产功能区、重要农产品生产保护区，建设并保护高标准农田。

地方各级人民政府应当推进农村土地整理和农用地科学安全利用，加强农田水利等基础设施建设，改善农业生产条件。

第十五条　国家加强农业种质资源保护利用和种质资源库建设，支持育种基础性、前沿性和应用技术研究，实施农作物和畜禽等良种培育、育种关键技术攻关，鼓励种业科技成果转化和优良品种推广，建立并实施种业国家安全审查机制，促进种业高质量发展。

第十六条　国家采取措施加强农业科技创新，培育创新主体，构建以企业为主体、产学研协同的创新机制，强化高等学校、科研机构、农业企业创新能力，建立创新平台，加强新品种、新技术、新装备、新产品研发，加强农业知识产权保护，推进生物种业、智慧农业、设施农业、农产品加工、绿色农业投入品等领域创新，建设现代农业产业技术体系，推动农业农村创新驱动发展。

国家健全农业科研项目评审、人才评价、成果产权保护制度，保障对农业科技基础性、公益性研究的投入，激发农业科技人员创新积极性。

第十七条　国家加强农业技术推广体系建设，促进建立有利于农业科技成果转化推广的激励机制和利益分享机制，鼓励企业、高等学校、职业学校、科研机构、科学技术社会团体、农民专业合作社、农业专业化社会化服务组织、农业科技人员等创新推广方式，开展农业技术推广服务。

第十八条　国家鼓励农业机械生产研发和推广应用，推进主要农作物生产全程机械化，提高设施农业、林草业、畜牧业、渔业和农产品初加工的装备水平，推动农机农艺融合、机械化信息化融合，促进机械化生产与农田建设相适应、服务模式与农业适度规模经营相适应。

国家鼓励农业信息化建设，加强农业信息监测预警和综合服务，推进农业生产经营信息化。

第十九条　各级人民政府应当发挥农村资源和生态优势，支持特色农业、休闲农业、现代农产品加工业、乡村手工业、绿色建材、红色旅游、乡村旅游、康养和乡村物流、电子商务等乡村产业的发展；引导新型经营主体通过特色化、专业化经营，合理配置生产要素，促进乡村产业深度融合；支持特色农产品优势区、现代农业产业园、农业科技园、农村创业园、休闲农业和乡村旅游重点村镇等建设；统筹农产品生产地、集散地、销售地市场建设，加强农产品流通骨干网络和冷链物流体系建设；鼓励企业获得国际通行的农产品认证，增强乡村产业竞争力。

发展乡村产业应当符合国土空间规划和产业政策、环境保护的要求。

第二十条　各级人民政府应当完善扶持政策，加强指导服务，支持农民、返乡入乡人员在乡村创业创新，促进乡村产业发展和农民就业。

第二十一条　各级人民政府应当建立健全有利于农民收入稳定增长的机制，鼓励支持农民拓宽增收渠道，促进农民增加收入。

国家采取措施支持农村集体经济组织发展，为本集体成员提供生产生活服务，保障成员从集体经营收入中获得收益分配的权利。

国家支持农民专业合作社、家庭农场和涉农企业、电子商务企业、农业专业化社会化服务组织等以多种方式与农民建立紧密型利益联结机制，让农民共享全产业链增值收益。

第二十二条　各级人民政府应当加强国有农（林、牧、渔）场规划建设，推进国有农（林、牧、渔）场现代农业发展，鼓励国有农（林、牧、渔）场在农业农村现代化建设中发挥示范引领作用。

第二十三条　各级人民政府应当深化供销合作社综合改革，鼓励供销合作社加强与农民利益联结，完善市场运作机制，强化为农服务功能，发挥其为农服务综合性合作经济组织的作用。

第三章　人才支撑

第二十四条　国家健全乡村人才工作体制机制，采取措施鼓励和支持社会各方面提供教育培训、技术支持、创业指导等服务，培养本土人才，引导城市人才下乡，推动专业人才服务乡村，促进农业农村人才队伍建设。

第二十五条　各级人民政府应当加强农村教育工作统筹，持续改善农村学校办学条件，支持开展网络远程教育，提高农村基础教育质量，加大乡村教师培养力度，采取公费师范教育等方式吸引高等学校毕业生到乡村任教，对长期在乡村任教的教师在职称评定等方面给予优待，保障和改善乡村教师待遇，提高乡村教师学历水平、整体素质和乡村教育现代化水平。

各级人民政府应当采取措施加强乡村医疗卫生队伍建设，支持县乡村医疗卫生人员参加培训、进修，建立县乡村上下贯通的职业发展机制，对在乡村工作的医疗卫生人员实行优惠待遇，鼓励医学院校毕业生到乡村工作，支持医师到乡村医疗卫生机构执业、开办乡村诊所、普及医疗卫生知识，提高乡村医疗卫生服务能力。

各级人民政府应当采取措施培育农业科技人才、经营管理人才、法律服务人才、社会工作人才，加强乡村文化人才队伍建设，培育乡村文化骨干力量。

第二十六条　各级人民政府应当采取措施，加强职业教育和继续教育，组织开展农业技能培训、返乡创业就业培训和职业技能培训，培养有文化、懂技术、善经营、会管理的高素质农民和农村实用人才、创新创业带头人。

第二十七条　县级以上人民政府及其教育行政部门应当指导、支持高等学校、职业学校设置涉农相关专业，加大农村专业人才培养力度，鼓励高等学校、职业学校毕业生到农村就业创业。

第二十八条　国家鼓励城市人才向乡村流动，建立健全城乡、区域、校地之间人才培养合作与交流机制。

县级以上人民政府应当建立鼓励各类人才参与乡村建设的激励机制，搭建社会工作和乡村建设志愿服务平台，支持和引导各类人才通过多种方式服务乡村振兴。

乡镇人民政府和村民委员会、农村集体经济组织应当为返乡入乡人员和各类人才提供必要的生产生活服务。农村集体经济组织可以根据实际情况提供相关的福利待遇。

第四章　文化繁荣

第二十九条　各级人民政府应当组织开展新时代文明实践活动，加强农村精神文明建设，不断提高乡村社会文明程度。

第三十条　各级人民政府应当采取措施丰富农民文化体育生活，倡导科学健康的生产生活方式，发挥村规民约积极作用，普及科学知识，推进移风易俗，破除大操大办、铺张浪费等陈规陋习，提倡孝老爱亲、勤俭节约、诚实守信，促进男女平等，创建文明村镇、文明家庭，培育文明乡风、良好家风、淳朴民风，建设文明乡村。

第三十一条　各级人民政府应当健全完善乡村公共文化体育设施网络和服务运行机制，鼓励开展形式多样的农民群众性文化体育、节日民俗等活动，充分利用广播电视、视听网络和书籍报刊，拓展乡村文化服务渠道，提供便利可及的公共文化服务。

各级人民政府应当支持农业农村农民题材文艺创作，鼓励制作反映农民生产生活和乡村振兴实践的优秀文艺作品。

第三十二条　各级人民政府应当采取措施保护农业文化遗产和非物质文化遗产，挖掘优秀农业文化深厚内涵，弘扬红色文化，传承和发展优秀传统文化。

县级以上地方人民政府应当加强对历史文化名镇名村、传统村落和乡村风貌、少数民族特色村寨的保护，开展保护状况监测和评估，采取措施防御和减轻火灾、洪水、地震等灾害。

第三十三条　县级以上地方人民政府应当坚持规划引导、典型示范，有计划地建设特色鲜明、优势突出的农业文化展示区、文化产业特色村落，发展乡村特色文化体育产业，推动乡村地区传统工艺振兴，积极推动智慧广电乡村建设，活跃繁荣农村文化市场。

第五章　生态保护

第三十四条　国家健全重要生态系统保护制度和生态保护补偿机制，实施重要生态系统保护和修复工程，加强乡村生态保护和环境治理，绿化美化乡村环境，建设美丽乡村。

第三十五条　国家鼓励和支持农业生产者采用节水、节肥、节药、节能等先进的种植养殖技术，推动种养结合、农业资源综合开发，优先发展生态循环农业。

各级人民政府应当采取措施加强农业面源污染防治，推进农业投入品减量化、生产清洁化、废弃物资源化、产业模式生态化，引导全社会形成节约适度、绿色低碳、文明健康的生产生活和消费方式。

第三十六条　各级人民政府应当实施国土综合整治和生态修复，加强森林、草原、湿地等保护修复，开展荒漠化、石漠化、水土流失综合治理，改善乡村生态环境。

第三十七条　各级人民政府应当建立政府、村级组织、企业、农民等各方面参与的共建共管共享机制，综合整治农村水系，因地制宜推广卫生厕所和简便易行的垃圾分类，治理农村垃圾和污水，加强乡村无障碍设施建设，鼓励和支持使用清洁能源、可再生能源，持续改善农村人居环境。

第三十八条　国家建立健全农村住房建设质量安全管理制度和相关技术标准体系，建立农村低收入群体安全住房保障机制。建设农村住房应当避让灾害易发区域，符合抗震、防洪等基本安全要求。

县级以上地方人民政府应当加强农村住房建设管理和服务，强化新建农村住房规划管控，严格禁止违法占用耕地建房；鼓励农村住房设计体现地域、民族和乡土特色，鼓励农村住房建设采用新型建造技术和绿色建材，引导农民建设功能现代、结构安全、成本经济、绿色环保、与乡村环境相协调的宜居住房。

第三十九条　国家对农业投入品实行严格管理，对剧毒、高毒、高残留的农药、兽药采取禁用限用措施。农产品生产经营者不得使用国家禁用的农药、兽药或者其他有毒有害物质，不得违反农产品质量安全标准和国家有关规定超剂量、超范围使用农药、兽药、肥料、饲料添加剂等农业投入品。

第四十条　国家实行耕地养护、修复、休耕和草原森林河流湖泊休养生息制度。县级以上人民政府及其有关部门依法划定江河湖海限捕、禁捕的时间和区域，并可以根据地下水超采情况，划定禁止、限制开采地下水区域。

禁止违法将污染环境、破坏生态的产业、企业向农村转移。禁止违法将城镇垃圾、工业固体废物、未经达标处理的城镇污水等向农业农村转移。禁止向农用地排放重金属或者其他有毒有害物质含量超标的污水、污泥，以及可能造成土壤污染的清淤底泥、尾矿、矿渣等；禁止将有毒有害废物用作肥料或者用于造田和土地复垦。

地方各级人民政府及其有关部门应当采取措施，推进废旧农膜和农药等农业投入品包装废弃物回收处理，推进农作物秸秆、畜禽粪污的资源化利用，严格控制河流湖库、近岸海域投饵网箱养殖。

第六章　组织建设

第四十一条　建立健全党委领导、政府负责、民主协商、社会协同、公众参与、法治保障、科技支撑的现代乡村社会治理体制和自治、法治、德治相结合的乡村社会治理体系，建设充满活力、和谐有序的善治乡村。

地方各级人民政府应当加强乡镇人民政府社会管理和服务能力建设，把乡镇建成乡村治理中心、农村服务中心、乡村经济中心。

第四十二条　中国共产党农村基层组织，按照中国共产党章程和有关规定发挥全面领导作用。村民委员会、农村集体经济组织等应当在乡镇党委和村党组织的领导下，实行村民自治，发展集体所有制经济，维护农民合法权益，并应当接受村民监督。

第四十三条　国家建立健全农业农村工作干部队伍的培养、配备、使用、管理机制，选拔优秀干部充实到农业农村工作干部队伍，采取措施提高农业农村工作干部队伍的能力和水平，落实农村基层干部相关待遇保障，建设懂农业、爱农村、爱农民的农业农村工作干部队伍。

第四十四条　地方各级人民政府应当构建简约高效的基层管理体制，科学设置乡镇机构，加强乡村干部培训，健全农村基层服务体系，夯实乡村治理基础。

第四十五条　乡镇人民政府应当指导和支持农村基层群众性

自治组织规范化、制度化建设，健全村民委员会民主决策机制和村务公开制度，增强村民自我管理、自我教育、自我服务、自我监督能力。

第四十六条　各级人民政府应当引导和支持农村集体经济组织发挥依法管理集体资产、合理开发集体资源、服务集体成员等方面的作用，保障农村集体经济组织的独立运营。

县级以上地方人民政府应当支持发展农民专业合作社、家庭农场、农业企业等多种经营主体，健全农业农村社会化服务体系。

第四十七条　县级以上地方人民政府应当采取措施加强基层群团组织建设，支持、规范和引导农村社会组织发展，发挥基层群团组织、农村社会组织团结群众、联系群众、服务群众等方面的作用。

第四十八条　地方各级人民政府应当加强基层执法队伍建设，鼓励乡镇人民政府根据需要设立法律顾问和公职律师，鼓励有条件的地方在村民委员会建立公共法律服务工作室，深入开展法治宣传教育和人民调解工作，健全乡村矛盾纠纷调处化解机制，推进法治乡村建设。

第四十九条　地方各级人民政府应当健全农村社会治安防控体系，加强农村警务工作，推动平安乡村建设；健全农村公共安全体系，强化农村公共卫生、安全生产、防灾减灾救灾、应急救援、应急广播、食品、药品、交通、消防等安全管理责任。

第七章　城乡融合

第五十条　各级人民政府应当协同推进乡村振兴战略和新型城镇化战略的实施，整体筹划城镇和乡村发展，科学有序统筹安排生态、农业、城镇等功能空间，优化城乡产业发展、基础设施、公共服务设施等布局，逐步健全全民覆盖、普惠共享、城乡一体的基本公共服务体系，加快县域城乡融合发展，促进农业高质高效、乡村宜居宜业、农民富裕富足。

第五十一条　县级人民政府和乡镇人民政府应当优化本行政区域内乡村发展布局，按照尊重农民意愿、方便群众生产生活、保持乡村功能和特色的原则，因地制宜安排村庄布局，依法编制村庄规划，分类有序推进村庄建设，严格规范村庄撤并，严禁违背农民意愿、违反法定程序撤并村庄。

第五十二条　县级以上地方人民政府应当统筹规划、建设、管护城乡道路以及垃圾污水处理、供水供电供气、物流、客运、信息通信、广播电视、消防、防灾减灾等公共基础设施和新型基础设施，推动城乡基础设施互联互通，保障乡村发展能源需求，保障农村饮用水安全，满足农民生产生活需要。

第五十三条　国家发展农村社会事业，促进公共教育、医疗卫生、社会保障等资源向农村倾斜，提升乡村基本公共服务水平，推进城乡基本公共服务均等化。

国家健全乡村便民服务体系，提升乡村公共服务数字化智能化水平，支持完善村级综合服务设施和综合信息平台，培育服务机构和服务类社会组织，完善服务运行机制，促进公共服务与自我服务有效衔接，增强生产生活服务功能。

第五十四条　国家完善城乡统筹的社会保障制度，建立健全保障机制，支持乡村提高社会保障管理服务水平；建立健全城乡居民基本养老保险待遇确定和基础养老金标准正常调整机制，确保城乡居民基本养老保险待遇随经济社会发展逐步提高。

国家支持农民按照规定参加城乡居民基本养老保险、基本医疗保险，鼓励具备条件的灵活就业人员和农业产业化从业人员参加职工基本养老保险、职工基本医疗保险等社会保险。

国家推进城乡最低生活保障制度统筹发展，提高农村特困人员供养等社会救助水平，加强对农村留守儿童、妇女和老年人以及残疾人、困境儿童的关爱服务，支持发展农村普惠型养老服务和互助性养老。

第五十五条　国家推动形成平等竞争、规范有序、城乡统一的人力资源市场，健全城乡均等的公共就业创业服务制度。

县级以上地方人民政府应当采取措施促进在城镇稳定就业和生活的农民自愿有序进城落户，不得以退出土地承包经营权、宅基地使用权、集体收益分配权等作为农民进城落户的条件；推进取得居住证的农民及其随迁家属享受城镇基本公共服务。

国家鼓励社会资本到乡村发展与农民利益联结型项目，鼓励城市居民到乡村旅游、休闲度假、养生养老等，但不得破坏乡村生态环境，不得损害农村集体经济组织及其成员的合法权益。

第五十六条　县级以上人民政府应当采取措施促进城乡产业协同发展，在保障农民主体地位的基础上健全联农带农激励机制，实现乡村经济多元化和农业全产业链发展。

第五十七条　各级人民政府及其有关部门应当采取措施鼓励农民进城务工，全面落实城乡劳动者平等就业、同工同酬，依法保障进城务工人员工资支付和社会保障权益。

第八章　扶持措施

第五十八条　国家建立健全农业支持保护体系和实施乡村振兴战略财政投入保障制度。县级以上人民政府应当优先保障用于乡村振兴的财政投入，确保投入力度不断增强、总量持续增加、与乡村振兴目标任务相适应。

省、自治区、直辖市人民政府可以依法发行政府债券，用于现代农业设施建设和乡村建设。

各级人民政府应当完善涉农资金统筹整合长效机制，强化财政资金监督管理，全面实施预算绩效管理，提高财政资金使用效益。

第五十九条　各级人民政府应当采取措施增强脱贫地区内生发展能力，建立农村低收入人口、欠发达地区帮扶长效机制，持续推进脱贫地区发展；建立健全易返贫致贫人口动态监测预警和帮扶机制，实现巩固拓展脱贫攻坚成果同乡村振兴有效衔接。

国家加大对革命老区、民族地区、边疆地区实施乡村振兴战略的支持力度。

第六十条　国家按照增加总量、优化存量、提高效能的原则，构建以高质量绿色发展为导向的新型农业补贴政策体系。

第六十一条　各级人民政府应当坚持取之于农、主要用之于农的原则，按照国家有关规定调整完善土地使用权出让收入使用范围，提高农业农村投入比例，重点用于高标准农田建设、农田水利建设、现代种业提升、农村供水保障、农村人居环境整治、农村土地综合整治、耕地及永久基本农田保护、村庄公共设施建设和管护、农村教育、农村文化和精神文明建设支出，以及与农业农村直接相关的山水林田湖草沙生态保护修复、以工代赈工程建设等。

第六十二条　县级以上人民政府设立的相关专项资金、基金应当按照规定加强对乡村振兴的支持。

国家支持以市场化方式设立乡村振兴基金，重点支持乡村产业发展和公共基础设施建设。

县级以上地方人民政府应当优化乡村营商环境，鼓励创新投融资方式，引导社会资本投向乡村。

第六十三条　国家综合运用财政、金融等政策措施，完善政府性融资担保机制，依法完善乡村资产抵押担保权能，改进、加强乡村振兴的金融支持和服务。

财政出资设立的农业信贷担保机构应当主要为从事农业生产和与农业生产直接相关的经营主体服务。

第六十四条　国家健全多层次资本市场，多渠道推动涉农企业股权融资，发展并规范债券市场，促进涉农企业利用多种方式融资；丰富农产品期货品种，发挥期货市场价格发现和风险分散功能。

第六十五条　国家建立健全多层次、广覆盖、可持续的农村金融服务体系，完善金融支持乡村振兴考核评估机制，促进农村普惠金融发展，鼓励金融机构依法将更多资源配置到乡村发展的重点领域和薄弱环节。

政策性金融机构应当在业务范围内为乡村振兴提供信贷支持和其他金融服务，加大对乡村振兴的支持力度。

商业银行应当结合自身职能定位和业务优势，创新金融产品和服务模式，扩大基础金融服务覆盖面，增加对农民和农业经营主体的信贷规模，为乡村振兴提供金融服务。

农村商业银行、农村合作银行、农村信用社等农村中小金融机构应当主要为本地农业农村农民服务，当年新增可贷资金主要用于当地农业农村发展。

第六十六条　国家建立健全多层次农业保险体系，完善政策性农业保险制度，鼓励商业性保险公司开展农业保险业务，支持农民和农业经营主体依法开展互助合作保险。

县级以上人民政府应当采取保费补贴等措施，支持保险机构适当增加保险品种，扩大农业保险覆盖面，促进农业保险发展。

第六十七条　县级以上地方人民政府应当推进节约集约用地，提高土地使用效率，依法采取措施盘活农村存量建设用地，激活农村土地资源，完善农村新增建设用地保障机制，满足乡村产业、公共服务设施和农民住宅用地合理需求。

县级以上地方人民政府应当保障乡村产业用地，建设用地指标应当向乡村发展倾斜，县域内新增耕地指标应当优先用于折抵乡村产业发展所需建设用地指标，探索灵活多样的供地新方式。

经国土空间规划确定为工业、商业等经营性用途并依法登记的集体经营性建设用地，土地所有权人可以依法通过出让、出租等方式交由单位或者个人使用，优先用于发展集体所有制经济和乡村产业。

第九章　监督检查

第六十八条　国家实行乡村振兴战略实施目标责任制和考核评价制度。上级人民政府应当对下级人民政府实施乡村振兴战略的目标完成情况等进行考核，考核结果作为地方人民政府及其负责人综合考核评价的重要内容。

第六十九条　国务院和省、自治区、直辖市人民政府有关部门建立客观反映乡村振兴进展的指标和统计体系。县级以上地方人民政府应当对本行政区域内乡村振兴战略实施情况进行评估。

第七十条　县级以上各级人民政府应当向本级人民代表大会或者其常务委员会报告乡村振兴促进工作情况。乡镇人民政府应当向本级人民代表大会报告乡村振兴促进工作情况。

第七十一条　地方各级人民政府应当每年向上一级人民政府报告乡村振兴促进工作情况。

县级以上人民政府定期对下一级人民政府乡村振兴促进工作情况开展监督检查。

第七十二条　县级以上人民政府发展改革、财政、农业农村、审计等部门按照各自职责对农业农村投入优先保障机制落实情况、乡村振兴资金使用情况和绩效等实施监督。

第七十三条　各级人民政府及其有关部门在乡村振兴促进工作中不履行或者不正确履行职责的，依照法律法规和国家有关规定追究责任，对直接负责的主管人员和其他直接责任人员依法给予处分。

违反有关农产品质量安全、生态环境保护、土地管理等法律法规的，由有关主管部门依法予以处罚；构成犯罪的，依法追究刑事责任。

第十章　附则

第七十四条　本法自2021年6月1日起施行。

附录五：国务院《村庄和集镇规划建设管理条例》

《村庄和集镇规划建设管理条例》

（国务院令第116号）

第一章　总则

第一条　为加强村庄、集镇的规划建设管理，改善村庄、集镇的生产、生活环境，促进农村经济和社会发展，制定本条例。

第二条　制定和实施村庄、集镇规划，在村庄、集镇规划区内进行居民住宅、乡（镇）村企业、乡（镇）村公共设施和公益事业等的建设，必须遵守本条例。但是，国家征用集体所有的土地进行的建设除外。

在城市规划区内的村庄、集镇规划的制定和实施，依照城市规划法及其实施条例执行。

第三条　本条例所称村庄，是指农村村民居住和从事各种生产的聚居点。

本条例所称集镇，是指乡、民族乡人民政府所在地和经县级人民政府确认由集市发展而成的作为农村一定区域经济、文化和生活服务中心的非建制镇。

本条例所称村庄、集镇规划区，是指村庄、集镇建成区和因村庄、集镇建设及发展需要实行规划控制的区域。村庄、集镇规划区的具体范围，在村庄、集镇总体规划中划定。

第四条　村庄、集镇规划建设管理，应当坚持合理布局、节约用地的原则，全面规划，正确引导，依靠群众，自力更生，因地制宜，量力而行，逐步建设，实现经济效益、社会效益和环境效益的统一。

第五条　地处洪涝、地震、台风、滑坡等自然灾害易发地区的村庄和集镇，应当按照国家和地方的有关规定，在村庄、集镇总体规划中制定防灾措施。

第六条　国务院建设行政主管部门主管全国的村庄、集镇规划建设管理工作。

县级以上地方人民政府建设行政主管部门主管本行政区域的村庄、集镇规划建设管理工作。

乡级人民政府负责本行政区域的村庄、集镇规划建设管理工作。

第七条　国家鼓励村庄、集镇规划建设管理的科学研究，推广先进技术，提倡在村庄和集镇建设中，结合当地特点，采用新工艺、新材料、新结构。

第二章　村庄和集镇规划的制定

第八条　村庄、集镇规划由乡级人民政府负责组织编制，并监督实施。

第九条　村庄、集镇规划的编制，应当遵循下列原则：

（一）根据国民经济和社会发展计划，结合当地经济发展的现状和要求，以及自然环境、资源条件和历史情况等，统筹兼顾，综合部署村庄和集镇的各项建设；

（二）处理好近期建设与远景发展、改造与新建的关系，使村庄、集镇的性质和建设的规模、速度和标准，同经济发展和农民生活水平相适应；

（三）合理用地，节约用地，各项建设应当相对集中，充分利用原有建设用地，新建、扩建工程及住宅应当尽量不占用耕地和林地；

（四）有利生产，方便生活，合理安排住宅、乡（镇）村企业、乡（镇）村公共设施和公益事业等的建设布局，促进农村各项事业协调发展，并适当留有发展余地；

（五）保护和改善生态环境，防治污染和其他公害，加强绿化和村容镇貌、环境卫生建设。

第十条　村庄、集镇规划的编制，应当以县域规划、农业区划、土地利用总体规划为依据，并同有关部门的专业规划相协调。

县级人民政府组织编制的县域规划，应当包括村庄、集镇建设体系规划。

第十一条　编制村庄、集镇规划，一般分为村庄、集镇总体规划和村庄、集镇建设规划两个阶段进行。

第十二条　村庄、集镇总体规划，是乡级行政区域内村庄和集镇布点规划及相应的各项建设的整体部署。

村庄、集镇总体规划的主要内容包括：乡级行政区域的村庄、集镇布点，村庄和集镇的位置、性质、规模和发展方向，村庄和集镇的交通、供水、供电、商业、绿化等生产和生活服务设施的配置。

第十三条　村庄、集镇建设规划，应当在村庄、集镇总体规划指导下，具体安排村庄、集镇的各项建设。

集镇建设规划的主要内容包括：住宅、乡（镇）村企业、乡（镇）村公共设施、公益事业等各项建设的用地布局、用地规划，有关的技术经济指标，近期建设工程以及重点地段建设具体安排。

村庄建设规划的主要内容，可以根据本地区经济发展水平，参照集镇建设规划的编制内容，主要对住宅和供水、供电、道路、绿化、环境卫生以及生产配套设施作出具体安排。

第十四条　村庄、集镇总体规划和集镇建设规划，须经乡级人民代表大会审查同意，由乡级人民政府报县级人民政府批准。

村庄建设规划，须经村民会议讨论同意，由乡级人民政府报县级人民政府批准。

第十五条　根据社会经济发展需要，依照本条例第十四条的规定，经乡级人民代表大会或者村民会议同意，乡级人民政府可以对村庄、集镇规划进行局部调整，并报县级人民政府备案。涉及村庄、集镇的性质、规模、发展方向和总体布局重大变更的，依照本条例第十四条规定的程序办理。

第十六条　村庄、集镇规划期限，由省、自治区，直辖市人民政府根据本地区实际情况规定。

第十七条　村庄、集镇规划经批准后，由乡级人民政府公布。

第三章　村庄和集镇规划的实施

第十八条　农村村民在村庄、集镇规划区内建住宅的，应当先向村集体经济组织或者村民委员会提出建房申请，经村民会议讨论通过后，按照下列审批程序办理：

（一）需要使用耕地的，经乡级人民政府审核、县级人民政府建设行政主管部门审查同意并出具选址意见书后，方可依照《土地管理法》向县级人民政府土地管理部门申请用地，经县级人民政府批准后，由县级人民政府土地管理部门划拨土地；

（二）使用原有宅基地、村内空闲地和其他土地的，由乡级人民政府根据村庄、集镇规划和土地利用规划批准。

城镇非农业户口居民在村庄、集镇规划区内需要使用集体所有的土地建住宅的，应当经其所在单位或者居民委员会同意后，依照前款第（一）项规定的审批程序办理。

回原籍村庄、集镇落户的职工、退伍军人和离休、退休干部以及回乡定居的华侨、港澳台同胞，在村庄、集镇规划区需要使用集体所有的土地建住宅的，依照本条第一款第（一）项规定的审批程序办理。

第十九条　兴建乡（镇）村企业，必须持县级以上地方人民政府批准的设计任务书或者其他批准文件，向县级人民政府建设行政主管部门申请选址定点，县级人民政府建设行政主管部门审查同意并出具选址意见书后，建设单位方可依法向县级人民政府土地管理部门申请用地，经县级以上人民政府批准后，由土地管理部门划拨土地。

第二十条　乡（镇）村公共设施、公益事业建设，须经乡级人民政府审核、县级人民政府建设行政主管部门审查同意并出具选址意见书后，建设单位方可依法向县级人民政府土地管理部门申请用地，经县级以上人民政府批准后，由土地管理部门划拨土地。

第四章　村庄和集镇建设的设计、施工管理

第二十一条　在村庄、集镇规划区内，凡建筑跨度、跨径或者高度超出规定范围的乡（镇）村企业、乡（镇）村公共设施和公益事业的建筑工程，以及2层（含2层）以上的住宅，必须由取得相应的设计资质证书的单位进行设计，或者选用通用设计、标准设计。

跨度、跨径和高度的限定，由省、自治区、直辖市人民政府或者其授权的部门规定。

第二十二条　建筑设计应当贯彻适用、经济、安全和美观的原则，符合国家和地方有关节约资源、抗御灾害的规定，保持地方特色和民族风格，并注意与周围环境相协调。

农村居民住宅设计应当符合紧凑、合理、卫生和安全的要求。

第二十三条　承担村庄、集镇规划区内建筑工程施工任务的单位，必须具有相应的施工资质等级证书或者资质审查证明，并按照规定的经营范围承担施工任务。

在村庄、集镇规划区内从事建筑施工的个体工匠，除承担房屋修缮外，须按有关规定办理施工资质审批手续。

第二十四条　施工单位应当按照设计图纸施工。任何单位和个人不得擅自修改设计图纸；确需修改的，须经原设计单位同

意，并出具变更设计通知单或者图纸。

第二十五条　施工单位应当确保施工质量，按照有关的技术规定施工，不得使用不符合工程质量要求的建筑材料和建筑构件。

第二十六条　乡（镇）村企业、乡（镇）村公共设施、公益事业等建设，在开工前，建设单位和个人应当向县级以上人民政府建设主管部门提出开工申请，经县级以上人民政府建设行政主管部门对设计、施工条件予以审查批准后，方可开工。

农村居民住宅建设开工的审批程序，由省、自治区、直辖市人民政府规定。

第二十七条　县级人民政府建设行政主管部门，应当对村庄、集镇建设的施工质量进行监督检查。村庄、集镇的建设工程竣工后，应当按照国家的有关规定，经有关部门竣工验收合格后，方可交付使用。

第五章　房屋、公共设施、村容镇貌和环境卫生管理

第二十八条　县级以上人民政府建设行政主管部门，应当加强对村庄、集镇房屋的产权、产籍的管理，依法保护房屋所有人对房屋的所有权。具体办法由国务院建设行政主管部门制定。

第二十九条　任何单位和个人都应当遵守国家和地方有关村庄、集镇的房屋、公共设施的管理规定，保证房屋的使用安全和公共设施的正常使用，不得破坏或者损毁村庄、集镇的道路、桥梁、供水、排水、供电、邮电、绿化等设施。

第三十条　从集镇收取的城市维护建设税，应当用于集镇公共设施的维护和建设，不得挪作他用。

第三十一条　乡级人民政府应当采取措施，保护村庄、集镇饮用水源；有条件的地方，可以集中供水，使水质逐步达到国家规定的生活饮用水卫生标准。

第三十二条　未经乡级人民政府批准，任何单位和个人不得

擅自在村庄、集镇规划区内的街道、广场、市场和车站等场所修建临时建筑物、构筑物和其他设施。

第三十三条　任何单位和个人都应当维护村容镇貌和环境卫生，妥善处理粪堆、垃圾堆、柴草堆，养护树木花草，美化环境。

第三十四条　任何单位和个人都有义务保护村庄、集镇内的文物古迹、古树名木和风景名胜、军事设施、防汛设施，以及国家邮电、通信、输变电、输油管道等设施，不得损坏。

第三十五条　乡级人民政府应当按照国家有关规定，对村庄、集镇建设中形成的具有保存价值的文件、图纸、资料等及时整理归档。

第六章　罚则

第三十六条　在村庄、集镇规划区内，未按规划审批程序批准而取得建设用地批准文件，占用土地的，批准文件无效，占用的土地由乡级以上人民政府责令退回。

第三十七条　在村庄、集镇规划区内，未按规划审批程序批准或者违反规划的规定进行建设，严重影响村庄、集镇规划的，由县级人民政府建设行政主管部门责令停止建设，限期拆除或者没收违法建筑物、构筑物和其他设施；影响村庄、集镇规划，尚可采取改正措施的，由县级人民政府建设行政主管部门责令限期改正，处以罚款。

农村居民未经批准或者违反规划的规定建住宅的，乡级人民政府可以依照前款规定处罚。

第三十八条　有下列行为之一的，由县级人民政府建设行政主管部门责令停止设计或者施工、限期改正，并可处以罚款：

（一）未取得设计资质证书，承担建筑跨度、跨径和高度超出规定范围的工程以及2层以上住宅的设计任务或者未按设计资质证书规定的经营范围，承担设计任务的；

（二）未取得施工资质等级证书或者资质审查证书或者未按规定的经营范围，承担施工任务的；

（三）不按有关技术规定施工或者使用不符合工程质量要求的建筑材料和建筑构件的；

（四）未按设计图纸施工或者擅自修改设计图纸的。

取得设计或者施工资质证书的勘察设计、施工单位，为无证单位提供资质证书，超过规定的经营范围，承担设计、施工任务或者设计、施工的质量不符合要求，情节严重的，由原发证机关吊销设计或者施工的资质证书。

第三十九条　有下列行为之一的，由乡级人民政府责令停止侵害，可以处以罚款；造成损失的，并应当赔偿：

（一）损坏村庄和集镇的房屋、公共设施的；

（二）乱堆粪便、垃圾、柴草，破坏村容镇貌和环境卫生的。

第四十条　擅自在村庄、集镇规划区内的街道、广场、市场和车站等场所修建临时建筑物、构筑物和其他设施的，由乡级人民政府责令限期拆除，并可处以罚款。

第四十一条　损坏村庄，集镇内的文物古迹、古树名木和风景名胜、军事设施、防汛设施，以及国家邮电、通信、输变电、输油管道等设施的，依照有关法律、法规的规定处罚。

第四十二条　违反本条例，构成违反治安管理行为的，依照治安管理处罚条例的规定处罚；构成犯罪的，依法追究刑事责任。

第四十三条　村庄、集镇建设管理人员玩忽职守、滥用职权、徇私舞弊的，由所在单位或者上级主管部门给予行政处分；构成犯罪的，依法追究刑事责任。

第四十四条　当事人对行政处罚决定不服的，可以自接到处罚决定通知之日起15日内，向作出处罚决定机关的上一级机关申请复议；对复议决定不服的，可以自接到复议决定之日起15日内，向人民法院提起诉讼。当事人也可以自接到处罚决定通知之日起15日内，直接向人民法院起诉。当事人逾期不申请复议，也不向人民法院提起诉讼，又不履行处罚决定的，作出处罚决定的机关可以申请人民法院强制执行或者依法强制执行。

第七章　附则

第四十五条　未设镇建制的国营农场场部、国营林场场部及其基层居民点的规划建设管理，分别由国营农场、国营林场主管部门负责，参照本条例执行。

第四十六条　省、自治区、直辖市人民政府可以根据本条例制定实施办法。

第四十七条　本条例由国务院建设行政主管部门负责解释。

第四十八条　本条例自1993年11月1日起施行。

附录六：中共中央办公厅、国务院办公厅《乡村建设行动实施方案》

《乡村建设行动实施方案》

（2022年5月）

乡村建设是实施乡村振兴战略的重要任务，也是国家现代化建设的重要内容。党的十八大以来，各地区各部门认真贯彻党中央、国务院决策部署，把公共基础设施建设重点放在农村，持续改善农村生产生活条件，乡村面貌发生巨大变化。同时，我国农村基础设施和公共服务体系还不健全，部分领域还存在一些突出短板和薄弱环节，与农民群众日益增长的美好生活需要还有差距。为扎实推进乡村建设行动，进一步提升乡村宜居宜业水平，制定本方案。

一、总体要求

（一）指导思想。以习近平新时代中国特色社会主义思想为指导，坚持农业农村优先发展，把乡村建设摆在社会主义现代化建设的重要位置，顺应农民群众对美好生活的向往，以普惠性、基础性、兜底性民生建设为重点，强化规划引领，统筹资源要素，动员各方力量，加强农村基础设施和公共服务体系建设，建立自下而上、村民自治、农民参与的实施机制，既尽力而为又量力而行，求好不求快，干一件成一件，努力让农村具备更好生活条件，建设宜居宜业美丽乡村。

（二）工作原则

——尊重规律、稳扎稳打。顺应乡村发展规律，合理安排村庄建设时序，保持足够的历史耐心，久久为功、从容建设。树立正确政绩观，把保障和改善民生建立在财力可持续和农民可承受的基础之上，防止刮风搞运动，防止超越发展阶段搞大融资、大拆建、大开发，牢牢守住防范化解债务风险底线。

——因地制宜、分类指导。乡村建设要同地方经济发展水平相适应、同当地文化和风土人情相协调，结合农民群众实际需要，分区分类明确目标任务，合理确定公共基础设施配置和基本公共服务标准，不搞齐步走、“一刀切”，避免在“空心村”无效投入、造成浪费。

——注重保护、体现特色。传承保护传统村落民居和优秀乡土文化，突出地域特色和乡村特点，保留具有本土特色和乡土气息的乡村风貌，防止机械照搬城镇建设模式，打造各具特色的现代版“富春山居图”。

——政府引导、农民参与。发挥政府在规划引导、政策支持、组织保障等方面作用，坚持为农民而建，尊重农民意愿，保障农民物质利益和民主权利，广泛依靠农民、教育引导农民、组织带动农民搞建设，不搞大包大揽、强迫命令，不代替农民选择。

——建管并重、长效运行。坚持先建机制、后建工程，统筹推进农村公共基础设施建设与管护，健全建管用相结合的长效机制，确保乡村建设项目长期稳定发挥效用，防止重建轻管、重建轻用。

——节约资源、绿色建设。树立绿色低碳理念，促进资源集约节约循环利用，推行绿色规划、绿色设计、绿色建设，实现乡村建设与自然生态环境有机融合。

（三）行动目标。到2025年，乡村建设取得实质性进展，农村人居环境持续改善，农村公共基础设施往村覆盖、往户延伸取得积极进展，农村基本公共服务水平稳步提升，农村精神文明建设显著加强，农民获得感、幸福感、安全感进一步增强。

二、重点任务

（四）加强乡村规划建设管理。坚持县域规划建设一盘棋，明确村庄布局分类，细化分类标准。合理划定各类空间管控边界，优化布局乡村生活空间，因地制宜界定乡村建设规划范围，严格保护农业生产空间和乡村生态空间，牢牢守住18亿亩耕地红线。严禁随意撤并村庄搞大社区、违背农民意愿大拆大建。积极有序推进村庄规划编制。发挥村庄规划指导约束作用，确保各项建设依规有序开展。建立政府组织领导、村民发挥主体作用、专业人员开展技术指导的村庄规划编制机制，共建共治共享美好家园。

（五）实施农村道路畅通工程。继续开展“四好农村路”示范创建，推动农村公路建设项目更多向进村入户倾斜。以县域为单元，加快构建便捷高效的农村公路骨干网络，推进乡镇对外快速骨干公路建设，加强乡村产业路、旅游路、资源路建设，促进农村公路与乡村产业深度融合发展。推进较大人口规模自然村（组）通硬化路建设，有序推进建制村通双车道公路改造、窄路基路面拓宽改造或错车道建设。加强通村公路和村内道路连接，统筹规划和实施农村公路的穿村路段建设，兼顾村内主干道功能。积极推进具备条件的地区城市公交线路向周边重点村镇延伸，有序实施班线客运公交化改造。开展城乡交通运输一体化示范创建。加强农村道路桥梁、临水临崖和切坡填方路段安全隐患排查治理。深入推进农村公路“安全生命防护工程”。加强农村客运安全监管。强化消防车道建设管理，推进林区牧区防火隔离带、应急道路建设。

（六）强化农村防汛抗旱和供水保障。加强防汛抗旱基础设施建设，防范水库垮坝、中小河流洪水、山洪灾害等风险，充分发挥骨干水利工程防灾减灾作用，完善抗旱水源工程体系。稳步推进农村饮水安全向农村供水保障转变。强化水源保护和水质保障，推进划定千人以上规模饮用水水源保护区或保护范围，配套完善农村千人以上供水工程净化消毒设施设备，健全水质检测监测体系。实施规模化供水工程建设和小型供水工程标准化改造，更新改造一批老旧供水工程和管网。有条件地区可由城镇管网向周边村庄延伸供水，因地制宜推进供水入户，同步推进消防取水设施建设。按照“补偿成本、公平负担”的原则，健全农村集中供水工程合理水价形成机制。

（七）实施乡村清洁能源建设工程。巩固提升农村电力保障水平，推进城乡配电网建设，提高边远地区供电保障能力。发展太阳能、风能、水能、地热能、生物质能等清洁能源，在条件适宜地区探索建设多能互补的分布式低碳综合能源网络。按照先立后破、农民可承受、发展可持续的要求，稳妥有序推进北方农村地区清洁取暖，加强煤炭清洁化利用，推进散煤替代，逐步提高清洁能源在农村取暖用能中的比重。

（八）实施农产品仓储保鲜冷链物流设施建设工程。加快农产品仓储保鲜冷链物流设施建设，推进鲜活农产品低温处理和产后减损。依托家庭农场、农民合作社等农业经营主体，发展产地冷藏保鲜，建设通风贮藏库、机械冷库、气调贮藏库、预冷及配套设施设备等农产品冷藏保鲜设施。面向农产品优势产区、重要集散地和主要销区，完善国家骨干冷链物流基地布局建设，整合优化存量冷链物流资源。围绕服务产地农产品集散和完善销地冷链物流网络，推进产销冷链集配中心建设，加强与国家骨干冷链物流基地间的功能对接和业务联通，打造高效衔接农产品产销的冷链物流通道网络。完善农产品产地批发市场。实施县域商业建设行动，完善农村商业体系，改造提升县城连锁商超和物流配送中心，支持有条件的乡镇建设商贸中心，发展新型乡村便利店，扩大农村电商覆盖面。健全县乡村三级物流配送体系，引导利用村内现有设施，建设村级寄递物流综合服务站，发展专业化农产品寄递服务。宣传推广农村物流服务品牌，深化交通运输与邮政快递融合发展，提高农村物流配送效率。

（九）实施数字乡村建设发展工程。推进数字技术与农村生产生活深度融合，持续开展数字乡村试点。加强农村信息基础设施建设，深化农村光纤网络、移动通信网络、数字电视和下一代互联网覆盖，进一步提升农村通信网络质量和覆盖水平。加快建设农业农村遥感卫星等天基设施。建立农业农村大数据体系，推进重要农产品全产业链大数据建设。发展智慧农业，深入实施“互联网+”农产品出村进城工程和“数商兴农”行动，构建智慧农业气象平台。推进乡村管理服务数字化，推进农村集体经济、集体资产、农村产权流转交易数字化管理。推动“互联网+”服务向农村延伸覆盖，推进涉农事项在线办理，加快城乡灾害监测预警信息共享。深入实施“雪亮工程”。深化乡村地名信息服务提升行动。

（十）实施村级综合服务设施提升工程。推进“一站式”便民服务，整合利用现有设施和场地，完善村级综合服务站点，支持党务服务、基本公共服务和公共事业服务就近或线上办理。加强村级综合服务设施建设，进一步提高村级综合服务设施覆盖率。加强农村全民健身场地设施建设。推进公共照明设施与村内道路、公共场所一体规划建设，加强行政村村内主干道路灯建设。加快推进完善革命老区、民族地区、边疆地区、欠发达地区基层应急广播体系。因地制宜建设农村应急避难场所，开展农村公共服务设施无障碍建设和改造。

（十一）实施农房质量安全提升工程。推进农村低收入群体等重点对象危房改造和地震高烈度设防地区农房抗震改造，逐步建立健全农村低收入群体住房安全保障长效机制。加强农房周边地质灾害综合治理。深入开展农村房屋安全隐患排查整治，以用作经营的农村自建房为重点，对排查发现存在安全隐患的房屋进行整治。新建农房要避开自然灾害易发地段，顺应地形地貌，不随意切坡填方弃渣，不挖山填湖、不破坏水系、不砍老树，形成自然、紧凑、有序的农房群落。农房建设要满足质量安全和抗震设防要求，推动配置水暖厨卫等设施。因地制宜推广装配式钢结构、木竹结构等安全可靠的新型建造方式。以农村房屋及其配套设施建设为主体，完善农村工程建设项目管理制度，省级统筹建立从用地、规划、建设到使用的一体化管理体制机制，并按照“谁审批、谁监管”的要求，落实安全监管责任。建设农村房屋综合信息管理平台，完善农村房屋建设技术标准和规范。加强历史文化名镇名村、传统村落、传统民居保护与利用，提升防火防震防垮塌能力。保护民族村寨、特色民居、文物古迹、农业遗迹、民俗风貌。

（十二）实施农村人居环境整治提升五年行动。推进农村厕所革命，加快研发干旱、寒冷等地区卫生厕所适用技术和产品，因地制宜选择改厕技术模式，引导新改户用厕所基本入院入室，合理规划布局公共厕所，稳步提高卫生厕所普及率。统筹农村改厕和生活污水、黑臭水体治理，因地制宜建设污水处理设施，基本消除较大面积的农村黑臭水体。健全农村生活垃圾收运处置体系，完善县乡村三级设施和服务，推动农村生活垃圾分类减量与资源化处理利用，建设一批区域农村有机废弃物综合处置利用设施。加强入户道路建设，构建通村入户的基础网络，稳步解决村内道路泥泞、村民出行不便、出行不安全等问题。全面清理私搭乱建、乱堆乱放，整治残垣断壁，加强农村电力线、通信线、广播电视线“三线”维护梳理工作，整治农村户外广告。因地制宜开展荒山荒地荒滩绿化，加强农田（牧场）防护林建设和修复，引导鼓励农民开展庭院和村庄绿化美化，建设村庄小微公园和公共绿地。实施水系连通及水美乡村建设试点。加强乡村风貌引导，编制村容村貌提升导则。

（十三）实施农村基本公共服务提升行动。发挥县域内城乡融合发展支撑作用，强化县城综合服务功能，推动服务重心下移、资源下沉，采取固定设施、流动服务等方式，提高农村居民享受公共服务的可及性、便利性。优先规划、持续改善农村义务教育学校基本办学条件，支持建设城乡学校共同体。多渠道增加农村普惠性学前教育资源供给。巩固提升高中阶段教育普及水平，发展涉农职业教育，建设一批产教融合基地，新建改扩建一批中等职业学校。加强农村职业院校基础能力建设，进一步推进乡村地区继续教育发展。改革完善乡村医疗卫生体系，加快补齐公共卫生服务短板，完善基层公共卫生设施。支持建设紧密型县域医共体。加强乡镇卫生院发热门诊或诊室等设施条件建设，选建一批中心卫生院。持续提升村卫生室标准化建设和健康管理水平，推进村级医疗疾控网底建设。落实乡村医生待遇，保障合理收入，完善培养使用、养老保障等政策。完善养老助残服务设施，支持有条件的农村建立养老助残机构，建设养老助残和未成年人保护服务设施，培育区域性养老助残服务中心。发展农村幸福院等互助型养老，支持卫生院利用现有资源开展农村重度残疾人托养照护服务。推进乡村公益性殡葬服务设施建设和管理。开展县乡村公共服务一体化示范建设。

（十四）加强农村基层组织建设。深入抓党建促乡村振兴，充分发挥农村基层党组织领导作用和党员先锋模范作用。大力开展乡村振兴主题培训。选优配强乡镇领导班子特别是党政正职。充实加强乡镇工作力量。持续优化村“两委”班子特别是带头人队伍，推动在全面推进乡村振兴中干事创业。派强用好驻村第一书记和工作队，健全常态化驻村工作机制，做到脱贫村、易地扶贫搬迁安置村（社区）、乡村振兴任务重的村、党组织软弱涣散村全覆盖，推动各级党组织通过驻村工作有计划地培养锻炼干部。加大在青年农民特别是致富能手、农村外出务工经商人员中发展党员力度。强化县级党委统筹和乡镇、村党组织引领，推动发展壮大村级集体经济。常态化整顿软弱涣散村党组织。完善党组织领导的乡村治理体系，推行网格化管理和服务，做到精准化、精细化，推动建设充满活力、和谐有序的善治乡村。推进更高水平的平安法治乡村建设，依法严厉打击农村黄赌毒、侵害农村妇女儿童人身权利等各种违法犯罪行为，切实维护农村社会平安稳定。

（十五）深入推进农村精神文明建设。深入开展习近平新时代中国特色社会主义思想学习教育，广泛开展中国特色社会主义和中国梦宣传教育，加强思想政治引领。弘扬和践行社会主义核心价值观，推动融入农村发展和农民生活。拓展新时代文明实践中心建设，广泛开展文明实践志愿服务。推进乡村文化设施建设，建设文化礼堂、文化广场、乡村戏台、非遗传习场所等公共文化设施。深入开展农村精神文明创建活动，持续推进农村移风易俗，健全道德评议会、红白理事会、村规民约等机制，治理高价彩礼、人情攀比、封建迷信等不良风气，推广积分制、数字化等典型做法。

三、创新乡村建设推进机制

（十六）建立专项任务责任制。按照一项任务、一个推进方案的要求，牵头部门要加强统筹协调，制定专项推进方案，指导地方组织实施。各地要细化措施，强化政策的衔接协调，形成工作合力，加强项目和资金监督管理，防止造成资金和资源浪费。

（十七）建立项目库管理制度。按照村申报、乡审核、县审定原则，在县一级普遍建立乡村建设相关项目库。加强项目论证，优先纳入群众需求强烈、短板突出、兼顾农业生产和农民生活条件改善的项目，切实提高入库项目质量。安排乡村建设项目资金，原则上须从项目库中选择项目。各地可结合实际制定“负面清单”，防止形象工程。建立健全入库项目审核机制和绩效评估机制。

（十八）优化项目实施流程。对于按照固定资产投资管理的小型村庄建设项目，按规定施行简易审批。对于采取以工代赈方式实施的农业农村基础设施项目，按照招标投标法和村庄建设项目施行简易审批的有关要求，可以不进行招标。对于农民投资投劳项目，采取直接补助、以奖代补等方式推进建设。对于重大乡村建设项目，严格规范招投标项目范围和实施程序，不得在法律法规外，针对投资规模、工程造价、招标文件编制等设立其他审批审核程序。严格规范乡村建设用地审批管理，坚决遏制乱占耕地建房。

（十九）完善农民参与乡村建设机制。健全党组织领导的村民自治机制，充分发挥村民委员会、村务监督委员会、集体经济组织作用，坚持和完善“四议两公开”制度，依托村民会议、村民代表会议、村民议事会、村民理事会、村民监事会等，引导农民全程参与乡村建设，保障农民的知情权、参与权、监督权。在项目谋划环节，加强农民培训和指导，组织农民议事，激发农民主动参与意愿，保障农民参与决策。在项目建设环节，鼓励村民投工投劳、就地取材开展建设，积极推广以工代赈方式，吸纳更多农村低收入群体就地就近就业。在项目管护环节，推行“门前三包”、受益农民认领、组建使用者协会等农民自管方式。完善农民参与乡村建设程序和方法。在乡村建设中深入开展美好环境与幸福生活共同缔造活动。

（二十）健全乡村公共基础设施管护机制。各地要以清单形式明确村庄公共基础设施管护主体、管护责任、管护方式、管护经费来源等，建立公示制度。供水、供电、供气、环保、电信、邮政等基础设施运营企业应落实普遍服务要求，全面加强对所属农村公共基础设施的管护。有条件的地方推进公共基础设施城乡一体化管护。推行经营性、准经营性设施使用者付费制度，鼓励社会资本和专业化企业有序参与农村公共基础设施管护。农村生活污水处理设施用电按规定执行居民生活用电价格。

四、强化政策支持和要素保障

（二十一）加强投入保障。中央财政继续通过现有渠道积极支持乡村建设，中央预算内投资将乡村建设行动作为重点积极予以支持，并向欠发达地区适当倾斜。将乡村建设作为地方政府支出的重点领域，合理安排资金投入。土地出让收入用于农业农村部分可按规定统筹安排支持乡村建设。将符合条件的公益性乡村建设项目纳入地方政府债券支持范围。允许县级按规定统筹使用相关资金推进乡村建设。

（二十二）创新金融服务。鼓励银行业金融机构扩大贷款投放，支持乡村建设。运用支农支小再贷款、再贴现等政策工具，引导机构法人、业务在县域的农信社、村镇银行等金融机构把工作重心放在乡村振兴上。开展金融科技赋能乡村振兴示范工程，鼓励金融机构在依法合规前提下量身定制乡村建设金融产品，稳妥拓宽农业农村抵质押物范围。探索银行、保险、担保、基金、企业合作模式，拓宽乡村建设融资渠道。加强涉农金融创新服务监管和风险防范。

（二十三）引导社会力量参与。将乡村建设纳入东西部协作帮扶和中央单位定点帮扶重点支持领域。扎实开展“万企兴万村”行动，大力引导和鼓励社会力量投入乡村建设。对经营性建设项目，规范有序推广政府和社会资本合作模式，切实发挥运营企业作用。

（二十四）完善集约节约用地政策。合理安排新增建设用地计划指标，规范开展城乡建设用地增减挂钩，保障乡村建设行动重点工程项目的合理用地需求。优化用地审批流程，在符合经依法批准的相关规划前提下，可对依法登记的宅基地等农村建设用地进行复合利用，重点保障乡村公共基础设施用地。探索针对乡村建设的混合用地模式。探索开展全域土地综合整治，整体推进农用地整理和建设用地整理，盘活农村存量建设用地，腾挪空间用于支持乡村建设。

（二十五）强化人才技术标准支撑。加快培育各类技术技能和服务管理人员，探索建立乡村工匠培养和管理制度，支持熟悉乡村的专业技术人员参与村庄规划设计和项目建设，统筹推进城乡基础设施建设管护人才互通共享。鼓励支持企业、科研机构等开展乡村建设领域新技术新产品研发。分类制定乡村基础设施建设和运行维护技术指南，编制技术导则。建立健全乡村基础设施和基本公共服务设施等标准体系，完善建设、运行维护、监管、服务等标准。

五、加强组织领导

（二十六）强化统筹协调。按照中央统筹、省负总责、市县乡抓落实的要求，推进乡村建设行动落地实施。中央农村工作领导小组统筹组织实施乡村建设行动，建立专项推进机制，协调推进重点任务。省级党委和政府要精心组织、加强协调，及时解决推进乡村建设中遇到的困难和问题。市县乡党委和政府要把乡村建设行动作为实施乡村振兴战略的重要内容，切实担负责任，细化具体措施，确保各项建设任务落到实处。结合“百县千乡万村”乡村振兴示范创建，统筹开展乡村建设示范县、示范乡镇、示范村创建。

（二十七）实行清单管理。各省（自治区、直辖市）应按照近细远粗、分步建设的原则，按年度确定建设任务，细化到县（市、区、旗）。各县（市、区、旗）按照建设一批、储备一批、谋划一批要求，科学制定任务清单，建立乡村建设台账。各地综合考虑乡村建设进展情况和年度任务完成情况等，科学调整下一年度任务清单。

（二十八）加强评估考核。将乡村建设行动实施情况作为乡村振兴督查考核的重要内容。各省（自治区、直辖市）将乡村建设行动实施情况纳入市县党政领导班子和领导干部推进乡村振兴战略实绩考核，采取第三方评估、交叉考核、群众满意度调查等方式，确保乡村建设项目质量和实际效果。实施乡村建设评价，查找和解决乡村建设中的短板和问题。

（二十九）强化宣传引导。深入宣传乡村建设取得的新进展新成效，总结推广乡村建设好经验好做法，发挥示范带动作用。加强舆论引导，及时回应社会关切。编制创作群众喜闻乐见的乡村建设题材文艺作品，增强乡村建设的社会认知度。

后　记

我大学毕业被分配到江西省城乡建设环境保护厅工作。在厅城市建设处工作12年后，于1995年8月至2010年4月调整到厅村镇建设处，从事村镇规划建设管理和扶贫工作；2012年7月到2014年8月又分管了两年多的村镇建设和扶贫工作，累计计算从事村镇建设工作共17年。

我从小在农村长大，1973年9月至1979年8月又上山下乡当了6年农民，可以说对农业、农村、农民有着深厚的感情。退休后长期从事乡村建设工作的我对往事难以忘怀，终于下决心撰写此书。通过认真学习领会乡村振兴的政策法规，回顾总结20多年（包括上山下乡）从事农村工作的经历，借鉴其他地方一些好的经验做法，经过近半年的耕耘，此书得以脱稿。

本书在撰写过程中，得到了江西省住房和城乡建设厅、江西省乡村振兴局、江西省自然资源厅、江西省水利厅、江西省农业农村厅等单位以及熊根水、聂新民、王晓霞、孙兆进、林伟、熊丹、胡娟、徐志力、阮宗华等同志的鼎力帮助；在出版过程中，得到了中国建筑工业出版社的大力支持，在此一并表示感谢！

由于知识面不够广，文字水平有限，不妥之处敬请读者见谅。

齐　虹